学会提问

实践篇

The Art of Asking Good Questions

[日] 粟津恭一郎 著
程亮 译

北京联合出版公司
Beijing United Publishing Co.,Ltd.

前　言

日本最注重提问的工作

大家好，我叫粟津恭一郎。

我从事的工作是"高管教练"。

这一职业在日本尚未普及，有些人可能想象不出它是做什么的。如果用一句话概括的话，高管教练的工作就是"提问"。

这份工作主要面向大企业的管理者，每隔两到三周给这些高管上一次教练课，以一对一的形式向他们不停地提问。我签约的客户一直都在二十人以上，所以我几乎每天都得花好几个小时向管理者提问。

其余的时间，我也无时无刻不在思考：下次

课上，怎样提问能更有助于客户达成目标？怎样提问能引导管理者获得更大的成功？从事该工作十几年来，我天天如此，所以我相信，自己是全日本关于"提问"拥有最多思考和实践经验的人。

教练课上的提问涉及方方面面。

有时我会提出客户乐意回答的问题，有时为了帮助客户达成目标，则会故意提出对方不愿去想的"戳到痛处"的问题，以至于有些人在好长时间里一直生我的气。

即便如此，多数人还是会继续上我的课。有不少人表示，"听了粟津先生的提问，就能调整好状态呢"。这些人在总经理任期内，一直听我的课达五六年之久，甚至令我无暇承接新的委托。

让百忙之中的高管定期抽出时间，不停地向他们提问，并为此收取报酬——这样的职业是如何得以成立的呢？

理由只有一个——**优质提问具有强大的力量，能改变自己和周围人的人生轨迹，使它们朝着更好的方向发展。**

"提问的差距"造成"人生的差距"

迄今为止，在我这里上过高管教练课的管理者，累计已近两百人。他们的公司和所属行业五花八门，渴望解决的问题也因人而异，没有一个人的理想是与别人雷同的。

然而，这些人都有一个明显的共同点，即越是被誉为"成功人士"的人，越善于向自己和别人抛出"优质提问"。也就是说，他们都具备很强的"提问力"。

其中，有些是被众人交口称赞的人，有些是我见过后由衷觉得了不起的人。通过与这些人的长年接触，我明白了一个道理——**正是提问的差距，将优秀之人与平庸之人区分开来。**

大家平时可能没意识到，我们的对话多是由"提问"和相应的"回答"构成的。

"早。今天几点出门？"

"七点来钟。"

"上周托你制作的资料怎么样了？"
"今天下午就能完成。"

"今晚去喝两杯？"
"好呀，再叫上铃木吧。"

大家回溯最近的记忆会发现，既无提问也无回答的对话其实非常少。不是吗？

我们每时每刻都会在无意识中反复自问。

其中既有"今天会不会下雨呢""会议几点钟开始来着""对了，昨天收到的邮件有没有回复"等日常生活中的提问，也有"自己当初是抱着什么目的进入这家公司的""死前最想做的事是什么"等回顾过往或思考未来的提问。

鲜为人知的是，正是这些内心里的提问控制着我们的行动。我们向自己提问，得出答案，然后采取行动。

如果一个人每天抛给自己的都是"一成不变的提问"，那么此人的人生也将一成不变。要想获得前所未有的人生，就必须向自己抛出前所未有的提问。

实际上，成功人士大都不会满足于一成不变的提问，他们会不断努力，争取每天都能向自己提出新的问题。因为他们知道，新的提问会促成新的行动，而新的行动则会导向成功。

被周围的人称赞"优秀"的人，之所以能取得出类拔萃的成绩，正是因为他们能不断抛出"优质提问"。既然如此，**只要掌握了优秀之人所拥有的"优质提问的技巧"，任何人理应都能变得优秀。**

无论是谁，只要自己不断创造优质提问，就能比现在更成功，就能把工作做得更好，就能提升人生的品质。掌握了"优质提问"，就相当于拥有了"优质人生"的入场券。

不仅如此，优质提问还有助于改善人际关系。因为向别人抛出优质提问，也能使对方的人生变得更好。

你的提问，有可能使困扰于某个问题的人恍

然大悟，从此走向光明的未来，也可能被朋友或同事铭记一生。提升"提问的品质"，不仅能使你自己，也能使与你有关的所有人的人生变得更加丰富多彩。

然而，并非所有的提问都是"优质提问"，也有令对方受到伤害、致使人际关系恶化的**"劣质提问"**。此外，还有对构建人际关系有益但是缺少发现的**"轻松提问"**，以及难以回答但能促成发现的**"沉重提问"**。关于这些提问的种类和特性，本书将努力用尽可能多的模式加以说明。

身为高管教练，必须遵守保密义务，所以我对事例中的人物和情境设定有所改动，但书中所阐述的"提问的本质"，则是我基于长年经验形成的理解，完全可应用于各种场合。

本书所写的"优质提问的技巧"，若能在整个日本得到普及，帮助大家获得更好的人生，那么对于以提问为工作的笔者而言，就是莫大的喜悦。

目　录

前　言 1

    日本最注重提问的工作 1
    "提问的差距"造成"人生的差距" 3

第 1 章　提问为什么重要？ 001

    什么是"优质提问"？ 003
    优质提问能够改变人生 008
    "要当总经理的人"一直怎样自问？ 010
    证明提问重要性的"选择性注意力实验" 013
    通过优质提问获得的"恍然大悟"和自发行动 017
    提问为什么能深深地吸引人？ 019
    提问力会在很大程度上左右个人评价 022

提问使人与人处于对等关系　024

提问有助于团队的创建　025

提问能构建企业文化和风气　028

提问能够"内化"　033

优质提问无须特殊知识和技能　035

第 2 章　提问分为四种　039

将提问分为四种的标准　041

1　**轻松提问**（乐意回答／无发现）　045

"轻松提问"的特征　045

有意识地使用"轻松提问",为"优质提问"打下基础　047

通过轻松提问收集信息　049

询问成功经历,容易成为轻松提问　051

2　**劣质提问**（不愿回答／无发现）　054

"劣质提问"的特征　055

否定式信息造成"劣质提问"　056

"别有用心"的提问会被看穿　058

3　**沉重提问**（不愿回答／有发现）　060

"沉重提问"的特征　061

"沉重提问"能促成从他责到自责的视角转变　062

询问私事的方法　064

能带来巨大变化的两种"沉重提问"　066

4　**优质提问**（乐意回答／有发现）　069

从"轻松提问""沉重提问"到"优质提问"　069

没有"对任何人都好使的优质提问"　071

"优质提问"的特征和具体事例　072

　　① 询问"真正渴望得到的东西"的提问　072

　　② 询问工作大义的提问　075

　　③ 询问词语定义的提问　077

　　④ 询问相反概念的提问　078

　　⑤ 质疑"理所当然"的提问　080

　　⑥ 尝试改变立场的提问　081

　　⑦ 询问现在和未来的提问　083

　　⑧ "优质提问"是开放式提问　084

第 3 章　"优质提问"的诀窍　091

交换言外的信息　093

提问应顺势而行，现想现问　096

当场思考各种提问的方法　098

提问不提建议　100

提问应排除杂音，专注于"我"想问的事　102

对"你"提问　104

以"我"为主语的反馈　105

意外回答的应对方法　107

不做消极提问　109

将"沉重提问"变为"优质提问"的方法　110

不说没必要的"开场白"　112

认清适合提问的场合　113

第 4 章 "优质提问"的创造方法　115

十分钟了解提问的个人倾向　117

用于创造优质提问的基本战略　124

优质提问就在"已内化的提问"附近　125

关注对方的"3V"　127

　① 理想为什么重要　129

　② 价值为什么重要　132

　③ 语汇为什么重要　134

　　　　将"3V"关键词与疑问词组合来创造提问　137
　　　　利用卡片，轻松创造提问　142

结　论　145

　　　　也要向自己抛出优质提问　147
　　　　　　① 寻找自己的"3V"　147
　　　　　　② 抽出时间自问　149
　　　　　　③ 定期自问　151
　　　　适合抛给孩子的优质提问　151

致　谢　155
参考文献　156
延伸阅读　158

第1章

提问为什么重要？

什么是"优质提问"?

现为自由撰稿人的原NHK电视台记者池上彰先生,因能把晦涩的政治、经济问题解释得浅显易懂,而名声大噪,在电视和报纸上十分活跃。

众所周知,池上先生有一句名言,即"问得好!"。

在池上先生主持的信息综艺等节目中,被他称赞"问得好!"的艺人都会面露喜色。他们因自己的提问受到夸奖而感到开心,这对于平时不停提问的我来说,是很容易理解的事。

然而,"优质提问"究竟是指什么样的提问呢?应该没有人学习过"优质提问的方法"吧!

出于职业关系，我也曾问过自己在工作和私人生活中遇见的人："你学过提问的方法吗？"明确回答"学过"的人，我还从没见过。

在学校课堂上，老师也会这样督促："有问题的同学请举手。"举手提问的学生会受到"学习态度积极"的表扬。仅仅因为这一点，大家就都觉得提问是好事。

可在文部科学省[1]的学习指导纲要中，目前尚无关于"优质提问的方法"的教学计划。

也就是说，在日本生活的绝大多数人，提问向来都是"自作主张"的。

既然人们掌握的技巧是"自作主张"的，那么"提问的品质"和"提问的方法"自然也就因人而异，千差万别。

或许正因为是无意识中掌握的技巧，所以极

---

[1]文部科学省是日本中央政府行政机关之一，负责统筹日本国内的教育、科学技术、学术、文化和体育等事务。文部科学省的职能大约相当于中国教育部、科技部和文化部的总和。——编者注

少有人意识到提问的重要性。因此，我建议大家对"提问"展开学习和研究。正如前言所述，提升提问的技巧，不仅能够增强交流能力，还直接关系到自己和周围人的人生改善。

前面说过，高管教练的工作就是提问。我从事这一职业十余年来，真的无时无刻不在思考提问，为此花了大量时间。

结果，我明白了一个道理——**人是被提问支配着的。**

我们在采取有意识的行动之前，都会先向自己提问，然后做出决定。

例如，面临重要商谈的人，会在前一天问自己"明天约定的是几点钟""做哪些准备才能确保顺利"等问题，从而决定出发时间或准备资料。

也就是先问自己"为了确保明天商谈成功，该做哪些准备"，然后才会采取"准备"这一行动。如果出于某种原因没能如此自问，参加商谈时可能就会因毫无准备而失败。

一个人会采取怎样的行动，是由其自问的内容决定的。

也就是说，**如果提问改变，行动也会改变。**

对于"什么是优质提问"这一问题，我的回答是——

能让被问者不假思索就乐意回答，并能为其带来新发现的提问，就是优质提问。

说起来，"提问"的原义是什么呢？通常，该词的定义是"质询疑问或理由"（出自《广辞苑》[1]）。上课时问老师问题、向别人问路、记者采访时的询问，都与此义相符。

这种以获取信息为目的的提问固然也很重要，但提问的力量远不止于此。再强调一遍，优质提问能给被问者带来新发现，促成新的思考或行动。

池上彰先生之所以说出"问得好！"这句话，自然是因为对方的提问给其余参演者和电视机前

---

[1]《广辞苑》，是日本最有名的日文辞典之一，由岩波书店发行。——编者注

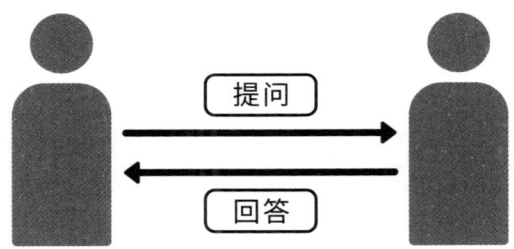

"普通提问"示意图

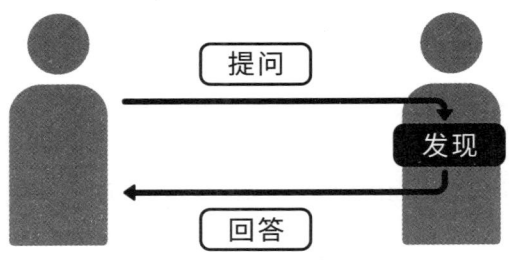

"优质提问"示意图

的观众（或许还包括池上先生本人）带来了某些发现，促使节目得以继续推进。

我们高管教练之所以会利用提问来帮助客户达成目标，原因就在于此。

优质提问能够改变人生

十多年前，我本人也曾深受一个提问的影响。当时向我提问的人，是我现任董事的COACH A公司的创始人兼董事长伊藤守。他是第一个被国际教练联盟认定为专业教练的日本人，是日本教练事业的奠基者之一。

那时我刚跳槽到COACH A，有一天，一向习惯在办公室里到处找职员聊天的伊藤看见了我，就走过来说："你好呀，粟津君，你在咱们公司想做的事情是什么？"

我虽然不知他这样问有何意图，仍坦率地答道："我想成为高管教练。"

伊藤又问："那你成为高管教练以后，想做什么？"

由于我当时是刚开始接触高管教练的工作，所以被这个问题吓了一跳。

"啊?!那个我还没想过……"

"那你觉得自己什么时候能成为高管教练？"

听到这个问题，我又是一愣，只能勉强回答："……嗯，我想大概三年以后吧……"

"哦。好了，再见。"说完，伊藤笑着走了。

那次问答很短，却给我造成了极大的冲击。此前我一直以为，既然进了这家公司，就能自然而然地成为高管教练，直到听了伊藤的提问，我才羞愧地发现，自己对于高管教练这一工作全无具体的认知。

想成为什么样的高管教练？成为高管教练以后想做什么？为此应该进行哪些训练？这些事我从来都没考虑过。

实际上，"高管教练"并无明确的定义。虽有美国国际教练联盟认证的资格，但并不像律师和会计那样，只要通过考试就能自动成为高管教练，而是必须得到高管客户的认可，承认你是他们需要的教练，这一职业才能成立。

因此，若想成为高管教练，就需要时刻问自己："我现在足以胜任高管教练的工作吗？""我目前具备相应的实力吗？""客户想要的是什么？""如何才能提升作为高管教练的能力？"

自伊藤提问那天起，我才开始对高管教练的工作进行认真的思考。

"要当总经理的人"一直怎样自问？

由此可见，优质提问能给别人带来重大发现，但它的作用还不止于此。

正如前文所述，向自己抛出优质提问，能够极大地拓展人生的可能性。

这一点在"总经理"身上体现得尤为明显。

我的客户所经营的大企业,每年都会录用几十乃至数百名新员工,甚至短短几年内就录用多达数千名员工的公司也不罕见。

过上几十年,从这数千名员工当中,就会出现一人担任该公司的总经理。大家觉得,这位脱颖而出的总经理与其他人会有什么明显的不同?

曾与数百位总经理会面并直接对话的我确信,差距的产生源自"提问"。

说得极端一些,成为总经理的人,会把"如果我是总经理会怎么做""如果我是总经理会如何应对这个问题"等提问更多地抛向自己而非他人。

有的人可能从年轻时就立志想当总经理,所以会不停地如此自问。除此之外,还有多种情境,比如反复被上司问这些问题、在公司内部培养未来管理者的选拔研修项目中需要回答这些问题、因负责经营战略等工作而在业务上需要反复提出这些问题。但不管是哪种情况,想当总经理的人,都会向自己提问。

由此就能理解，企业为了培养未来的管理者，为什么要组织优秀人才学习案例分析，并举办研修项目，让他们回答"如果你是总经理会怎么做"等提问，还让他们担任海外子公司的总经理以积累经验。因为通过这些努力，能让"如果自己是总经理会怎么做"这一提问牢牢扎根在这些人的心里。

即使没到"是总经理"的程度，只论能否做好工作，归根结底也是由"自己能在心里创造出多少有效的提问"决定的。

例如，咨询顾问经常使用的"框架"概念，也可说是一种改变了切入点的"提问"。框架有很多种，如根据优劣势特征对公司或商品分类的"SWOT分析"；基于政治、经济、社会、技术分析市场环境的"PEST分析"等。但终究，所有框架都离不开"由这个切入点进行分析如何"这一提问。

证明提问重要性的"选择性注意力实验"

前文说过,"优质提问能够带来发现"。"通过提问获得新发现"是上教练课所能得到的最大"价值",然而这对于不了解教练的人来说,往往很难理解。

因此,为了让大家理解"通过提问获得新发现"是怎么回事,又该如何实现,接下来对此详细说明。

首先,请大家打开 YouTube 网站,在检索框中输入"selective attention test(选择性注意力实验",如果播放的是一些男女玩篮球的视频,那就对了。

请观看这段时长约为两分钟的视频,先数一数"穿白衣的人总共传了多少次球",然后再对照视频后半段给出的答案。

好,开始吧。

怎么样?

该实验自 1999 年问世后,便迅速传遍全球,

选择性注意力实验

资料来源：https://www.youtube.com/watch?v=vJG698U2Mvo

所以有些读者可能早就看过这个视频了。

考虑到此刻不方便看视频的读者，下面对该视频做简单说明。

视频中出现了两支玩篮球的队伍（白衣和黑衣），这些人一边传球，一边穿插走动。

在视频最后，画面中出现了"正确答案是十五次"的字样，接着又显示了"但你看见黑猩猩了吗"这一提问。

如果你没看见，不妨重看一遍视频，就会发

现，在一分多钟的时候，有个穿黑猩猩玩偶服装的人从右侧走入镜头，摆了个姿势，然后从左侧走出了镜头。看第一遍时，完全没注意到黑猩猩的人肯定不在少数。

为什么会出现这种情况呢？

原因在于，该实验故意通过"穿白衣的人总共传了多少次球"这一提问，使观看者的意识集中在了"白衣人"身上。

纽约州联合学院的克里斯托弗·查布里斯教授于哈佛大学就读期间，同伊利诺伊大学的丹尼尔·西蒙斯教授一起进行了该实验。实验结果表明，即使实验对象和场所改变，仍有约50%的人完全注意不到黑猩猩的存在。

两位教授如此说道："之所以看不见黑猩猩，并不是因为视力有问题。当一个人将注意力集中于肉眼可见的世界的某一部分或要素时，就很难注意到不在此范畴内的东西，即使那东西很显眼，即使它就出现在自己眼前。也就是说，被实验者在专注于计算传球次数的时候，对于眼前的黑猩猩是处于'目盲状态'的。"

我们的大脑具有这样一种性质——将意识投向某事物时，其他信息就会难以进入。即使是在这个视频中看见了黑猩猩的人，换作其他场合也可能变成"目盲状态"。

那么，如果使用同一个视频，只是将最初的提问变成下面这样，又会得到怎样的结果呢？

"传球的共有多少人？"
"没传球的有多少人？"
"传球的男女各有几人？"

我曾在教练课上以九个人为对象，从以上问题中随机择一，分别向每个人提问，然后让他们观看视频，结果不管听到的是哪个提问，所有人都轻易地发现了黑猩猩。因为他们不仅关注了白衣人，还关注了黑衣人，所以不难发现中途入场的"异物"。

由此可见，人的意识是可以被提问控制的。一旦提问改变，具体可见的事物也会发生变化。

所谓"通过提问获得新发现",其含义便在于此。

通过优质提问获得的"恍然大悟"和自发行动

"提问带来的发现"能在被问者心中唤起莫大的喜悦。

脑科学家茂木健一郎先生曾在其著作中提到一种名为"啊哈体验"的感觉。之所以称作"啊哈体验",据说是因为说英语的人在体会到巨大的感动时,会大叫"A-ha(啊哈)!"的缘故。

啊哈体验具体指的是什么呢?举个例子,小学生在算术课上有生以来第一次知道"毕达哥拉斯定理"时,所体会到的伴以震惊的感动;或是实际动手把图画纸剪成各种形状的三角形,确认所有三角形的内角和果然都是180度的时候,会不由得惊呼出声。哪怕经历并非完全相同,有类似记忆的人也不在少数吧?

即使长大以后,也会有独自坚持研究某事物,最终恍然大悟，高喊"啊！原来如此！"的经历，而这样的体验是很能令人感到愉悦的。通过思考后的发现，我们能获得渴望一试的积极情绪和激动难抑的感觉，更能收获自信。

当我们面对优质提问，靠自己获得新发现的时候，也能感受到同样的愉悦。

提问终究只是契机罢了，完成发现的是自己。正因为是自己思考过的事，才能对发现有深刻的理解；正因为是自己想到的事，基于发现的行动才能成为自己由衷想做的事。

如果是来自别人的发现，则不会生出感动。也许会觉得"那的确是个好主意"，但因为是别人的创意，不是自己的发现，所以即使将该创意付诸实行，也难免会感到是被迫的，引不起认真对待的兴致。

同样的创意，自己恍然大悟所获较之从别人那里得来，后继行动的"质"和"量"将有天壤之别。

我想，比起经别人指点后才行动，大家应该

都喜欢自己有所发现从而采取行动吧。而最适合促成这种自发行动的，就是优质提问。

提问为什么能深深地吸引人？

本来，人类就喜欢被问。

因为人的大脑从机能上喜欢接受提问从而自发思考。

美国心理学家、临床心理咨询师罗伯特·莫勒在其著作《一小步改变你的生活：改善之道》中，使用大量篇幅讲解了"小提问的力量"，并举出如下的实验事例：

> 你所在公司的绝大多数员工是开车上下班的。明天，你可以问一个同事："你记得停在自己车旁的车是什么颜色的吗？"你的同事大概会用奇怪的目光看你，回答不记得。后天和大后天，你还要反复问他同样的问题。
>
> 到第四天或第五天，你的同事已经没有

选择的余地，他的大脑会下意识地想起：自己早上一把车开进停车场，就会有个奇怪的人（也就是你）提出奇怪的问题。无奈之下，他只好在短期内记住问题的答案。

莫勒把提问的这一效果解释为"大脑海马体的功效"。海马体是大脑中管理"记忆"的重要器官，由它来决定记忆何种信息，何时提取。反复提问能够促使海马体将相应的信息认定为"重要"，于是自然而然地给予关注。

如果该实验中的提问不是"你记得停在自己车旁的车是什么颜色的吗？"而是换成"请说出停在你车旁边的车的颜色！"结果又会如何？面对这种压迫性的反复命令，你的同事肯定会觉得"为什么必须记住这种事啊！"反感之下，非但不会回答你的提问，你们之间的关系还可能恶化。

提问远比命令更具效能，它有助于创意和对策的产生。

莫勒也下结论道："使你的大脑实现程序化的最强力的手段之一，就是'问一些小问题'这一技巧。""提问能够激活、取悦大脑。大脑喜欢受到提问，然后仔细思考，不管问题是愚蠢的还是高明的。"

小孩子都很喜欢猜谜游戏和提问。幼儿看见不认识的东西，会反复问大人"这是什么"，然后接受大人的回答，从而实现对语言的学习。

长大后也一样。例如，你结束工作，疲惫地回到家里，打开电视，播放的恰巧是有奖问答节目。这时，你明明没有观看的欲望，也会忍不住关注问题的答案，同参演者一起思考，等回过神才发现，自己竟然把节目看完了。很多人都有过这样的经历吧！

这世上无论是小说、电影，还是电视剧，只要是能吸引大众的作品，都含有"推理"元素，几乎无一例外。人类会出于本能地被"疑惑"（问题）和"谜题"（推理）所吸引，一旦开始思考"究竟是怎么变成那样的呢"，就只有找到能让自己接受的答案才肯罢休。

"潘多拉之盒"的故事也告诉我们，渴望解开谜题的欲求（好奇心），是所有国家、所有时代的人的共通点。可以说，这是人类的"本能"。

提问之所以吸引人，原因就在于这种本能。

提问力会在很大程度上左右个人评价

下面换个话题。我以高管教练的身份去见客户时，曾听那些总经理讲起自己被前来采访的报纸杂志记者惹得大怒的经历。

总经理们生气的理由基本都一样，就是觉得自己的时间被记者的提问白白浪费掉了，所以他们在讲述时说了"无聊的采访花了我一个小时，真是浪费时间""我才不会回答那么无礼的提问呢"之类的话。

还有的总经理之所以火冒三丈，是因为看到记者在报道中乱写一气，但大部分人的不快都是由采访本身导致的。

有的记者事先根本没做调查，尽提些没必要

的问题；有的记者对业界一无所知，提问离题万里；有的记者还没正确理解对方的回答内容，就迫不及待地提出下个问题……总经理们对这些记者的评价都很差。

不过，也有记者得到了完全相反的评价。

我曾听一位总经理对某个记者赞不绝口："嘿，前阵子来找我采访的××报社的××记者真棒！他对我公司非常熟悉，同他交谈令我受益匪浅。"

那名记者究竟是哪方面出色呢？我仔细一问，原来正是他的提问很有趣，使总经理在回答过程中收获了许多发现。

当然，从中可以看出，高管对提问高度敏感，但即便对于常人来说，"通过提问评价对方"也是不争的事实。

下文即将谈到，原则上任何人都能提问，也都能被问。正因如此，增强提问力对于人际关系意义重大。

提问使人与人处于对等关系

"提问"这一交流手段的特征是,"提问者"与"被问者"易形成积极意义上的平等、对等的关系。

我曾听本书的编辑讲,善于采访的记者,即使面对员工多达数万人的大企业的总经理,也能通过一两个小时的谈话,就跟对方打成一片。

起初,总经理只是抱着例行公事的态度,以官方口吻回答问题,可一旦记者瞅准时机抛出优质提问,气氛就会为之骤然一变。随着记者不断抛出发自本心的提问,总经理也会逐渐放开胸襟,乐于主动打开话匣子。据说,旁人一眼就能看出前后的不同。

当然,这也与记者的个人魅力有关,但不可否认,提问"使人与人处于对等关系"的力量也很重要。

其他交流手段,比如"指示、命令",通常是上位者对下位者使用的。也就是说,这种交流有个前提，即存在明确而固定的"上下关系"。

与之相对，提问者与被问者能够迅速转换立场。正如前文所述，提问具有令对方"不假思索就开始思考"的强大力量。

下属如果对上司的指示、命令有不明白的地方，多数人都会提问，上司就会做出回答，有时还会反问下属。

由此可见，提问具有改变上下关系（并非必须存在上下关系）的力量。

正因如此，优质提问能够超越"上司与下属""父母与子女""教师与学生"等固定立场，为任意对象带来"发现"。

提问有助于团队的创建

因此，在创建能以高昂士气冲向目标的团队，并设法增进成员之间的团结时，提问的力量将发挥重要作用。

例如，假设有一家以"为顾客提供世界上最

好的服务"为宗旨的高级餐厅。如果店长对员工说，"请你们提供世界上最好的服务"，员工们就会被动地觉得，这是"不得不做的事"。

店长下达这道命令时，心里或许已经有了"世界上最好的服务是什么"这一问题的答案，但是该答案并未与员工共享。

即使店长告诉员工"世界上最好的服务就是这个"，他们也不会产生"这是自己思考所得"的切实感受。

如果店长不直接下命令，而是在开会时向员工抛出"今天为了提供世界上最好的服务，你会做什么""你认为世界上最好的服务是什么"之类的提问，结果又会如何？

如果员工们就这些问题展开讨论，那么每个人的发现都能为所有人共享。在反复讨论的过程中，"世界上最好的餐厅应该提供什么服务"这个问题就会在员工们的心里自然萌芽，于是在没有受到任何强迫的情况下，"我要提供世界上最好的服务"这一意志就会渗透进每个员工的心里，为所有人共有。如此一来，世界上最好的服务就从"不得不做的事"变成了"想做的事"。

对于组织来说，以"质询"或"提问"的形式向成员传达意思，要比下命令更容易实现组织真正的目标。

对于来自他人的"你必须这样做""请照这样去做"等单方面的教训或命令，任何人都会反感和厌恶。

与之相反，"提问"具有能够轻易进入对方大脑的优秀特征。希望在团队内部实现目标共享的人，以及不知如何与下属沟通的人，请务必有效利用提问的力量。

对于在公司等组织里工作的人，优质提问的技巧非常有助于提升自己在组织内的地位，与团队成员建立良好的人际关系。况且，增强提问力并不难，只要从现在开始稍微花些心思即可。

提问能构建企业文化和风气

提问的力量不仅能波及周围的"个人",有时还会对员工多达成百上千人的大组织造成巨大影响——无论该影响是好是坏。

公司内部交流时经常出现的提问,与该组织的"企业文化"和"风气"密切相关。

我以前见过一家风险投资企业的总经理,这里不妨称他为Y先生。该风投公司采用的方法是收集员工对于新项目的创意,再把好的创意接连付诸实施。然而,自Y先生就任总经理以来,尽管员工们拿出了大量的创意,却几乎全都没能实现,所以Y先生就来上我的高管教练课了。

我问过Y,他说"想把公司经营成一家新创意不断涌现的企业"。

可我旁听他们的创意研讨会时发现,Y先生提出的尽是些"那能盈利吗""需要多少成本才能实现""真的可行吗""其他公司是不是已经在做了"之类的问题,令员工的创意很难得到拓展。

"为了确保新项目成功，我精心准备了那些提问，没想到实际一问，得到的创意几乎都没考虑到细节。直到今天，也没一个能在商业上实现的创意。"Y先生遗憾地说。

我问他："原来如此。我想了一下，比如说，如果是同属IT业界的谷歌公司，当初还在创业时期的总经理出席今天的会议，听取员工的创意，你觉得他会怎样提问？"

Y先生顿时目瞪口呆，然后闭上眼睛想了好久，才说："大概不会问'其他公司是不是已经在做了'这样的问题。"

他终于意识到，自己的提问有可能早早扼杀了新创意的萌芽。

当然，既然是做生意，像Y先生那样直接询问"能不能盈利"也是有必要的。只不过，在"自由征集创意"的场合，那并不是有效的提问。

能盈利吗？有帮助吗？能实现吗？Y先生最终意识到，这些提问不仅没能让自己实现预期的目标，反而掐断了有可能使公司未来发展壮大的创意萌芽。

后来，Y先生再开会时，就改变了自己的提问，把阻碍可能性的提问变成了下面这样的提问：

"你打算如何实现那个创意？"

"你觉得市场在今后十年内会有怎样的变化？"

"除此以外还有什么样的创意？"

"你认为这个项目再过五年前景如何？"

"你想怎么用那个创意改变世界？"

"若与其他公司合作，应该找什么样的公司？"

几年后，Y先生的公司开拓了如今无人不知的网络服务。据说在公司内部的创意会议上，新的灵感仍在源源不断地涌现。

不经意间的一个提问，既有可能帮助公司未来发展壮大，也有可能阻碍公司的发展。可以说，这个例子很好地表明了提问对组织的影响。

另外，我还听说了一则趣事，主人公是篠田

真贵子女士，她担任超高人气网站"几乎日刊糸井新闻[1]"的运营商东京糸井重里事务所的首席财务官（CFO）。篠田女士曾先后任职于多家公司，据说，她在这些公司里听到的职场常见提问，竟然各不相同。

首先，她大学毕业后进入了一家银行上班。那里的上司有一句口头禅——"其他银行是如何判断的？"想必是因为此人的从众意识太强，所以总是忍不住在意其他银行的动向。

后来，她跳槽到了一家外资咨询公司。在那里，动不动就有人问她"So what？（那又怎样？）"。这或许是因为，向客户提供"你的公司存在这样的问题，所以我们认为应该这样做"之类的建议，正是咨询顾问的工作，所以员工在内部交流时，经常会互相问"为什么？""怎么回事？""什么原因？"

第三家公司，就是她目前所在的糸井重里事

---

[1] 1998年，糸井重里开设的专门放送网络新闻、名人访谈，以及商品销售的网站。

务所。在这里,"你真觉得那个有趣吗"这一提问仿佛成了员工之间交流的暗号。对于糸井重里事务所来说,内容"是否真的有趣"是重中之重。

篠田女士惊讶地发现,无论哪家企业,所重视的"价值观"都会以提问的形式体现出来。

一个组织里常用的提问,能够体现该集体的"本质"。

如果上司总是问员工"销售额怎样",就会养成优先重视销售额的企业风气;如果一直询问"顾客满意吗",就会形成顾客至上的公司。

即使行业类型、状态、规模一样,各家公司的企业风气也会截然不同,而原因正是在于组织内部日常使用的提问不同。

也就是说,要想改变组织的风气,"改变提问"是一种非常有效的手段。尤其是在公司里,对员工影响最大的人是总经理。如果总经理能改变自己经常挂在嘴边的提问,董事和职员的提问自然也会发生变化。

瞄准理想的风气制定相应的提问,并在言谈

中反复提及。这样一来，整个组织的成员都会自然而然地随之朝着理想中的方向前进。

提问能够"内化"

第1章快要结束了。接下来，我想向大家介绍提问的一个性质，我认为这个性质特别重要。

那就是——"提问能够内化"。

正如前文所述，提问具有"本来就能深深地吸引人""比指示、命令更容易深入人心""能够促成恍然大悟和自发行动"等性质。

因此，提问比其他任何言语都更容易被人牢牢记住。尤其是**"没有答案的提问"**，内化的力量相当强大。

前文已经提过，"高管教练是什么""优秀的高管教练是怎样的人"等提问，也已在我的思想意识中完成了内化。已内化的提问，会成为强力的引擎，驱动人朝着一个方向前进。

然而，已内化的提问未必就是优质提问，或者未必一直都是优质提问。

正如前文事例中介绍过的，提问具有固化人的意识、决定组织文化的力量。而决定一个人的日常行动的，也是其本人意识中的提问。如果你一直内化的是与你渴望得到的东西毫不相干的提问，那你永远也得不到自己想要的东西。

可以说，我们这种专业的高管教练的工作，就是同客户意识中已内化的提问打交道，使之变得对客户更有价值。

其实，我在教练课上屡次采用的，主要就是以下这些方式：

- 让客户意识到已内化的提问；
- 抛出未内化的提问；
- 让客户将更有价值的新提问实现内化。

而使之成为可能的，就是"优质提问的技巧"。

优质提问无须特殊知识和技能

前文讲解了提问所具有的力量,尤其是优质提问的效用。

只要掌握了优质提问的若干"规则"和使用中的小窍门,任何人都能发挥出其功效。即使对方比自己掌握的知识更多,即使对方与自己的立场迥异,仍有可能通过提问促成发现。

就目前而言,我的客户——也就是那些高管们——对经营的认知和经验远超于我,关于业界的当前动向和未来趋势,他们的了解程度也不逊于任何人。这样一群人,我和他们谈得再久,也无法在经营上给出任何建议。

既然如此,他们为什么还要请我提问呢?大家只要想想一流运动员必然会雇用教练的理由,应该就能理解了。

世界顶级的职业高尔夫球选手,大抵都有教练。在选手征战锦标赛的过程中,教练并不会像"这一球以距球洞五十厘米为目标,使用五号球杆,像这样挥杆就行"一样,对选手的一举手一投足提出建议，因为选手在高尔夫球上的实力要远远强过教练。

尽管如此，选手仍会雇用教练。理由在于，教练就像一面"镜子"，选手能借此看清自己的挥杆和练习状况，从而时刻保持最佳状态。选手很清楚，如果一个人练习，自己是看不见"正确的姿势""应有的姿势"的。

管理者雇用高管教练的理由也一样。教练能够通过提问，使客户的想法和真正渴望实现的目标清晰地反映出来。

高管教练无须掌握对方工作所涉专业领域的特殊知识。倒不如说，如果高管教练拥有同企业管理者一样的商业经验和管理经验，并且表现出来的话，反而无法发挥镜子的作用。

* * *

只要稍加留意，提问方式就能得到极大的改善。本书所写的东西，没必要悉数照做。随便哪一页的内容，只要觉得"啊，这个好像可以用"，就请付诸实践吧。不妨试着向某个人提问，如果反应良好，对方乐意回答，就可以继续用在其他人身上。

利用提问的力量，能使交流变得更加丰富多彩，你和周围的人都将切实感受到它所带来的好处。

第 2 章

提问分为四种

将提问分为四种的标准

从本章起,终于要对优质提问的技巧做具体讲解了。

首先,既然特意提起了"优质提问",自然还有不属于"优质提问"的提问,即前言略微提过的"轻松提问""劣质提问"和"沉重提问"。其实,提问可以有多种分类方式,我在这里将其分为**"轻松提问""劣质提问""沉重提问""优质提问"**四种。

所谓百闻不如一见,我制作了提问的四种分类的示意图,如下页所示。

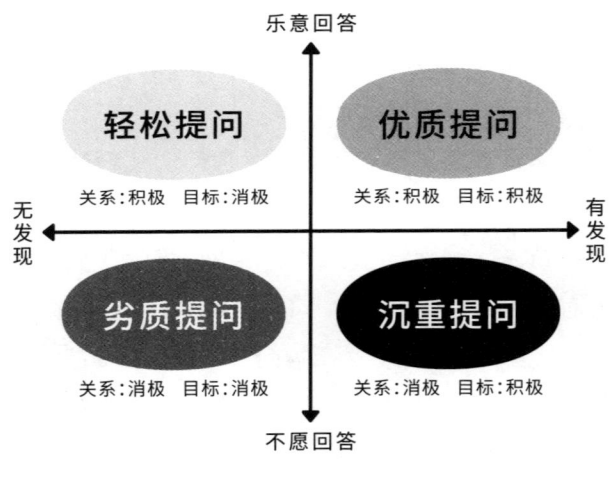

提问的四种分类

在该图中，纵轴的上下方向表示**"乐意回答的程度"**。提问在轴上处于哪个位置，取决于对方是否乐于回答，是否愿意思考，是否心情愉悦。

横轴表示通过提问得到、与目的有关的**"发现"**的有无和大小。越是趋向右侧的提问，越能使被问者获得自己从未考虑过、极有可能促成进步的重大发现；反之，越是趋向左侧，意味着发现越少。

这四种分类基本上可以囊括所有的提问。

"优质提问"在该图中位于右上角的理由，看过前文的各位读者应该都能理解。

本书的目的是向大家传授"优质提问"的技巧，但在日常对话中，另外三种提问也会频频出现。不经意间说出"轻松提问"自然并无大碍，可若是无意中向别人抛出了"沉重提问"或"劣质提问"，就极可能令对方心生不快。想必大家都有过这样的经历吧？

为了改善人际关系，给周围的人带去好的影响，大家也应该对"优质提问"以外的三种提问的功能、效果和特征有所了解。

下面,我们就分别看看这四种提问的具体内容吧。

1 轻松提问
（乐意回答 / 无发现）

"轻松提问"的特征

所谓"轻松提问"，简单来说，就是"改善与对方关系的提问"。

请想象一下，经验丰富的老销售员面对初次见面的客户时会如何提问。应该是在不影响对方心情的前提下力求了解对方的提问，是逐渐探索人性、拉近彼此距离的提问，是被问者也能怀着轻松心态回答的提问。

需要注意的是，决定提问是不是轻松提问的，并非提问者，而是被问者。一个提问，即使提问者的本意是想改善自己与被问者的关系，可结果却适得其反，致使双方关系恶化，那它就不是轻松提问。

如此详细说明之后，轻松提问的门槛似乎变高了，但总之请记住，只要抛出初次见面的人也能接受的"闲聊般的提问"即可。

至于轻松提问的特征，首先最重要的，就是**"对方容易回答"**。

举个好理解的例子，比如，"最近打高尔夫的状态怎么样"这种半寒暄的提问。面对这个问题，被问者也会毫不示弱地回答"一如既往"（只要不是在对方非常不想谈论高尔夫的时机），从而使双方开始交谈。

询问对方**"乐意谈论的事"**，也容易成为轻松提问。例如，"工作、学业、运动方面的成功体验"是多数人都乐意谈论的话题。再比如，问及同事或朋友所痴迷的兴趣爱好或养生法，或是喜欢的商业领袖、作家或艺人时，对方通常也会兴致勃勃地大谈特谈。

此外，即使是"对于提问者而言重要的价值观或人生观"之类的严肃话题，只要是**"被问者惯于谈论"**的，就能成为轻松提问。

有意识地使用"轻松提问",为"优质提问"打下基础

交谈时,很多人都是在不经意间抛出轻松提问的,而我作为提问的专家,会有意识地使用轻松提问。

轻松提问的重要作用是改善与对方的关系。

对于后面的"沉重提问""优质提问"而言,"轻松提问"的积累过程是不可或缺的。如果尚未建立牢固的人际关系就抛出其他种类的提问,会令对方感到不快。不先建立良好的关系,提问是无法顺利生效的。

我以前就曾被毫无关系的人突然提问,感觉很不愉快。

当时,我闲逛进了一家百货商店,正在男装卖场里看着挂在墙上的一排夹克,犹豫要不要试穿,身后突然响起一名年轻女店员口气随便的声音:"你是要穿着去哪儿?"

我自打进店以后,别说和那个店员交谈了,连一次对视也没有。我甚至没发现她到了自己身后。尽管如此,我却受到了突如其来的提问,顿时感到十分不快,觉得既然只是初次见面,我为什么要回答你。

现在想想,那名女店员也许是刚接触销售工作,还没熟悉待客之道。她的上司可能告诉过她,"跟顾客搭话很重要",而她本人以为,"你是要穿着去哪儿"这一提问是十足的轻松提问。

为什么区区一句提问,就会令人心生不快呢?

当然,可以把"缺乏教养""没有礼貌"当作理由,但若从提问的性质来考虑,我们也可以认为,原因在于"提问具有强制思考的力量"。

心理学家莫勒之所以称提问是"使你的大脑实现程序化的最强力的手段之一",正是因为提问具有强制思考的力量。

即使是来自无关之人、会令人觉得"你凭什么这么问我"的唐突提问,被问者在听到问题的一瞬间，也会开始思考。但这样的提问会使大脑的思维运行出错，从而引发不悦情绪。

希望大家能清楚地认识到提问给对方造成的影响。最好留意时机是否合适，关系是否已经建立，提问是否会令对方感到不快。

通过轻松提问收集信息

要想制定出合适的提问，收集信息必不可少。

我也会在高管教练课上，让客户透露其基本的人生观、价值观等平时藏在内心深处的重要信息。

不过，如果尚未建立良好的关系，就贸然询问别人的人生观和价值观，对方肯定会被吓一跳，最多只会给出敷衍的回答，弄不好还可能引发"我为什么要告诉你"的反感情绪。

因此，我会在抛出正式的提问之前，先推出准备阶段的面谈，即"预练"。预练阶段的提问，多是轻松提问。

预练除了用来确认高管教练课的进展情况，

还能借以同客户建立良好的关系。为了随后抛出"精度更高"的提问，预练是一个不可缺少的环节。

在预练阶段，问的基本上都是对方方便透露的自身信息，比如在学校学了什么、在职场积累了哪些经验、和哪些人建立了怎样的关系、基于怎样的经历形成了怎样的思想，等等。

当然，在预练之前，我还会查看客户所在企业的官方网站。如今许多企业都有主页，总经理会在上面公开自己的一些信息。

此外，在网络上检索客户的全名，往往还能找到报纸杂志的相关采访报道。

事先阅读这些报道，就能获得客户在学生时期参加的俱乐部、兴趣小组等信息，然后再立足于这些信息，打听对方的思想"根基"。

我还经常询问客户从小的生活环境、现在的家庭状况、学生时期的趣闻逸事等信息——当然我并不会强行追问。甚至有些上学时醉心于橄榄球、棒球等体育运动的管理者，会用整节课的时间滔滔不绝地讲述自己的回忆。

询问成功经历，容易成为轻松提问

正如前文解释过的，根据提问者与对方的关系深浅，"轻松提问"有可能变成"劣质提问"，所以很难举出恰当的具体例子。

不过，就我的经验来说，容易成为普适、万能的轻松提问的，就是询问对方的成功经历。

向别人讲述自己过去的成功经历或得意事迹，本就是人的一种欲求。因为历史证明，作为社会性生物，人类能通过得到周围人的认可而提高自己的生存概率。

通常就结果而言，**关于成功经历的提问完全符合"轻松提问"的三点特征——"容易回答""乐意回答""惯于回答"。**

此外，成功经历中还充满了大量有助于了解对方的提示。

无论是谁，过去的经历都会在很大程度上成为其现在所重视、追求的事物的基础。

例如，我的客户里有位总经理，学生时期曾

担任橄榄球俱乐部的队长。于是我就问他："当橄榄球俱乐部队长的经历,是如何在你的总经理职务中发挥作用的?"他立刻探过身子,说出了好几个共通点。

某位爱好钓鱼的总经理,认为自己通过钓鱼所获得的专注力,正是自己的优势所在。还有一位上学时正式组建过乐队的总经理,从非常有趣的视角出发,向我介绍了同乐队成员打成一片与领导公司这一团队之间的相似点。

当然,成功经历不仅限于一般的"工作上的成功""运动或考试上的成功"。

也有不少高管把"每天早晨打扫办公室"等看似与成功毫不相关的事情,当作自己成功的关键。

如果能在预练阶段问出这些信息,与对方的关系就会变得非常融洽。

此外,询问过去的成功经历的另一个目的,是了解"对方乐意使用的词语"。

所有人都存在无意识中偏好使用特定词语的倾向,而这种倾向会如实反映出每个人的价值观。

关于过去的成功也是如此。对方为什么把那件事当作成功?是怎么成功的?仔细聆听对方讲述时所使用的每个词语,就能获得以后制定"优质提问"时的"素材"。

正如第 4 章将详细说明的,"反复说出的词语"是打开"优质提问"之门的关键钥匙。

2 劣质提问
（不愿回答／无发现）

接下来说明"劣质提问"。如42页图中所示，所谓"劣质提问"，就是导致提问者与被问者的关系恶化（或无法改善），并且不能促成对方发现、行动、进步的提问。也可以说是令被问者感到不快、悲伤、萎靡的提问。尽管还能进一步细分，但一言以蔽之，就是会令对方觉得"凭什么问这种事"的提问。

读到这里，想必很多人的记忆都在复苏，不是想起自己以前说出劣质提问的经历，就是在脑海中直接浮现出了某个爱说劣质提问的人的具体形象。不过，肯定还有很多人根本没想到自己也会在无意中说出劣质提问，所以大家需要格外注意。

我不会在教练课上故意向客户抛出劣质提问，不过有些时候，对方不愿回答的提问，恰恰是对其发现、行动、进步真正有益的。在这种情况下，该提问就不是"劣质提问"，而是"沉重提问"，也能发挥相应的功效。

提起"劣质提问"，可能有人会将其想象成"完全搞不懂提问者意图的提问"，但那种情况本就算不上是提问，所以这里略去不谈。

"劣质提问"的特征

"劣质提问"具有以下特征。

首先是**没考虑到与对方的关系**。前文所说的男装卖场里的提问，就符合这一点。

"你负债吗？""你现在居住的公寓房间有多大面积？"——如果你是去房地产公司准备购买新公寓，对方有可能抛出这样的提问。但若是在其他场合，如果你与提问者的关系不深，这样的提问就会令你产生"我为什么要告诉你"的反感情绪。

与此类似，**毫无意义地追问对方的私事**，也容易成为"劣质提问"。其实这些话本不用说，但还是要提醒一句：大家须得留意，不要对尚未建立良好关系的人说出"你不结婚吗""你为什么不要小孩"等有关结婚、恋爱、生育、家庭关系之类的提问。

此外，"你不送孩子上补习班没关系吗""难道不是你干的吗""你为什么连这点小事也做不到"等**"把提问者的价值观或主观臆断强加于人的提问""对对方穷追猛打，致其萎靡不振的提问"**，也容易成为"劣质提问"。

第1章谈到，提问具有改变上下关系、使人与人处于对等关系的力量。或许可以说，"劣质提问"是无法发挥这一功效的提问。

否定式信息造成"劣质提问"

劣质提问的另一个特征是，即使提问者并非出于有意，也可能传递负面信息。

例如，假设某公司的男职员问单身女后辈：

"你不打算结婚吗?"

单纯从字面上理解,男职员只是问对方有没有结婚的打算。在他看来,这或许只是与好友谈话的延续。然而,该提问有可能传递"结婚比不结婚好"这一信息,仿佛附带了"价值观的强加于人"。

我们常说,**"对方收到的信息就是你传递的信息"**。这句话的意思是说,即使你完全没有令对方不快的意图,"如果对方这样理解了,那就是因为你确实是这样传递的"。绝大多数劣质提问均非出于恶意。正因如此,我们才需要多加注意。

刚才所说的"你不打算结婚吗"这一提问,使用了否定形式。实际上,仅仅是像"你有结婚的打算吗"这样弃用否定形式的提问,就能在很大程度上减轻不良印象。

有些人可能会像这样问孩子:"作业还没做吗?"与之相比,"作业做完了吗"这样的提问方式,会令孩子感觉更容易回答。

出于慎重考虑,还要补充一点——并非只有

否定形式的词语才具备否定色彩。

"你为什么要住在那种地方?"

"你觉得成绩这么差的原因是什么?"

"你趁我不注意的时候偷懒了吧?"

像这样在提问中加入消极的表达方式,是造成劣质提问的原因之一。

含有"否定对方"的信息的提问,几乎都会对人际关系造成负面影响。因此,我们在提问时有必要留意,确认自己是否在无意中传递了否定对方的信息。

"别有用心"的提问会被看穿

附属于劣质提问的无用信息,并非只有否定对方这一种。

正如第1章所述,优质提问能使被问者及其周围的人获得新发现,从而把握住行动或进步的契机。也就是说,它归根结底是以他人为轴心的。

然而有时，我们说出的提问却与之相反，是"想讨好对方"或"想被周围的人认可"等以自己为轴心的提问。这种别有用心的提问，也可以说是劣质提问。

一旦令对方产生"这家伙尽管问了许多问题，目的却是想利用我"的感觉，就很难建立信赖关系了。

企图展示自身优秀的提问也一样。大家在学生时期或踏入社会以后，有没有见过那种在课堂或研讨会上，像是向旁人炫耀一样提问的人？神奇的是，这样的提问总是不免露馅，周围的人都清楚"那不是提问，而是显摆"。

即使是看起来很自然的提问，如果提问者对周围的人或对方怀有"我得提个出众的问题""我得表现出自己的成绩和聪明"之类的用心，就绝不会成为优质提问。

3 沉重提问
（不愿回答 / 有发现）

第三种的"沉重提问"，是被问者"不愿回答"但"关系到发现或行动"的提问。提问者确信，这样的提问虽然难听，却是对方进步所不可或缺的，所以会故意如此提问。

正因为问到了对方"不愿去想""不想意识到""平时避免面对"的事，引起发现或行动的可能性才非常高。如果时机合适，效果可谓惊人。

不过，由于这种提问会闯入对方不愿被人触及的领地，所以需要在使用方式上多加注意。

有意识地使用沉重提问时，请在已与对方建立足够牢固的关系的基础上，瞅准恰当的时机提问。另外，最好避免一味地抛出沉重提问。正因为是会导致心情沉重的内容，所以对方需要花些时间仔细思考。

"沉重提问"的特征

"沉重提问"与"劣质提问"相似，却有着决定性的不同。大家认为不同在哪里？

不同之处就在于，"沉重提问"的"**目的**"**是共享**。

为了不让对方产生"为什么要问这种事"的反感，就需要确保对方认识到"他之所以问这么沉重的话题，是为了帮我达成目标"。进行"沉重提问"时，与对方建立牢固的关系自然是不可缺少的因素，但除此之外，如果没有目的的共享，就会变成"劣质提问"。

经常有总经理谈到，有些大量持有其公司股票的投资家向其提问，"尽管是非常尖锐的提问，却令我受益匪浅"。这样的评价，也是建立在沉重提问的"目的"已经得到共享的基础上的。

相反，有时父母向孩子抛出与考试、就职等有关的沉重提问，会引起吵架，严重的甚至会导致关系破裂。之所以出现这种情况，正是因为亲子双方尽管存在信赖关系，却没能实现目的的共享（一直处于暧昧状态）。

在上司与下属、销售员与客户等强弱关系固定的场合，下对上是很难抛出沉重提问的，除非双方已建立特别牢固的信赖关系，并且目的已经共享。另外，最好避免向特殊的人抛出沉重提问，比如置身在大庭广众下的人。

也就是说，沉重提问具有一定的效果，但可以使用的对象和场合比较有限。

"沉重提问"能促成从他责到自责的视角转变

在高管教练课上，可以通过预练等手段，实现与客户的目的共享，因此可以说，这是一种相对容易抛出沉重提问的场合。

我至今也曾无数次有意抛出沉重提问，并且从中发现，沉重提问具有将对方的视角从别人身上转向自己的强大功效。

"相较于全世界的优秀管理者，你认为自己身为管理者的实力处于什么水平？"

第 2 章　提问分为四种

这是我向某大企业的总经理抛出的一个沉重提问。

最近，许多日本企业都在集中全力应对"经济全球化"，那家企业也不例外，总经理经常在会议上提醒员工"不要囿于日本国内市场，要从全球化的视角去思考"。

他对我感叹道："我想把公司发展成更具全球市场竞争力的企业，可惜员工在这方面的意识还远远不足。"

于是，我就向他抛出了前面那个提问。

他听了这个问题，瞬间语塞，片刻后才说："我没怎么考虑过这个问题，但我觉得，自己恐怕还远远达不到世界级全球化企业管理者的水平。"

后来，我和他又就"全球化企业的总经理会是怎样的人物"这一话题，进行了一段时间的问答。

"全球化企业与非全球化企业有哪些不同？"

"你用多少时间去培养下一代管理者？"

"你认为员工对总经理最大的期待是什么？"

听了这些问题，这位总经理表示："我以前认为，无法应对全球化是员工的责任，后来我才发现，必须先从自己开始改变才行。"

教练课的用语中，存在**"自责"**和**"他责"**的概念。对于已发生的事件，如果认为是自己的责任，就是"自责"；如果归咎于他人或周围的环境，就是"他责"。

上面提到的这位总经理最初是从"他责"的视角出发，认为公司全球化毫无进展是"由于员工不够努力"。后来，他以"自己作为全球化企业的总经理做得怎么样"这一提问为契机，完成了从"他责"到"自责"的视角转变。

像这样扩展视角，也是高管教练课的效果之一。

询问私事的方法

前文提到，"询问私事属于劣质提问"，但在高管教练课上，我有时会故意向已建立牢固关系的人抛出与其家人或私事有关的提问。

这是因为，私人问题会对工作造成很大的影响。

一旦家里有烦心事，在公司工作时也会不时想起。应不应该让孩子参加中考？应不应该搬家？要不要来次大购物？情况较为严重的家庭，还可能存在老人护理的心理负担、对于房贷的不安、夫妻关系不睦等问题。

如果这些问题的"自问自答"在心里盘踞不去，就很难使注意力持续指向工作上的目标。而且，如果是秉持"应该优先考虑工作"这一价值观的人，就很可能无法靠自己意识到私人问题正在影响工作。

所以，我有时才会故意询问客户私事，使私人问题优先于工作，帮助对方产生清楚的认识。

不过，询问私事时需要注意问法，不能直接问"你的家人有麻烦吗"之类的问题。

因此，我会提出类似"什么事是你最近希望尽快解决的""是什么事阻碍了工作进展"这样的问题。

此外，还有"什么事是你本不想做却还是做了的"等问法。听了这个提问，对方有时就会自然而然地开始倾诉困扰自己的私人问题，比如，

"我最近因为压力太大而酗酒了""我跟老婆吵架了",等等。

不仅限于管理者,对任何人来说,私人生活的充实都是顺利工作的前提。当你的下属或同事在工作中接连犯错时,请你留意对方的人际关系等私人问题。即使是在不方便开口提问的场合,也要把对方的私事考虑在内,这样的姿态必将发挥积极作用。

能带来巨大变化的两种"沉重提问"

下面再列举几个"沉重提问"的实例,供大家参考。

在与管理者接触的过程中,我感受到,地位越高的人,越难为自己的错误道歉。知道自己下的决定有误后,能够坦承"我错了"的总经理,几乎一个也没有。

从建立人际关系的角度来看,犯了错就该道歉,这很重要。然而,站在总经理这一立场上,道歉会变得格外困难，但其本人是最清楚"我犯错了"的，所以会在心里留下难以解开的疙瘩。

"你从未向别人提起但是知道错在自己的事情是什么？"——这一提问多少有些"难听"，但是能帮助客户获得重大发现。

由该提问，还可以衍生出"从现在起，假如要你向过往人生中遇见过的一个人真心道歉，你会因为什么而向谁道歉"这一提问。这也是思考起来心情沉重的提问。

不过，只要能够正面回答这个问题并采取行动，即真正道歉，那么很多时候，无论自己还是道歉的对象身上，都将发生很好的变化。

在我的客户里，就有一位平时令人生畏、对待下属格外严厉的总经理，他以这个提问为契机，为以前过分叱责的事而向某个董事道了歉。

那名董事高兴地接受了总经理的道歉。后来跟我单独相处时，他说："总经理特地下来向我道歉了。那一瞬间，我决定要为这家公司真正贡献自己的力量了。"

如今，那人正以副总经理的身份全力支持公司的经营。

　　"无论身处什么立场，犯了错就必须道歉。多亏那个提问，我才有了这样的认识。"

　　说出这句话的总经理，如今已成为比以前更受广大员工信赖的顶级管理者。

　　实际上，这两个提问所问的内容，都是在教练课上称作**"未完成"**的事。

　　所谓"未完成"，顾名思义，就是指"还没做完的事"。很多人都或多或少地有各种各样的"未完成"，比如做到一半放心不下的工作，甚至是像前面的例子那样，在心里扎下一根刺的事。让客户尽可能"完成"，减少这些"未完成"，也是高管教练课的目的之一。

　　还有的人不好意思向别人抛出沉重提问。但要知道，沉重提问除了抛向别人，也能抛给自己。大家不妨尝试一下，利用提问的力量，解决残留在自己心里的"未完成"。

4 优质提问
（乐意回答 / 有发现）

从"轻松提问""沉重提问"到"优质提问"

终于到了四种分类的最后一个——"优质提问"。

关于"优质提问"的定义，前文已经说过很多次了。所谓"优质提问"，就是能让被问者乐于主动思考回答，并伴有发现和行动的提问。

• 将"轻松提问"变成能够促成发现和行动的提问；

• 将"沉重提问"变成乐意回答的提问。

如果说以上两种改变后的提问就是"优质提问"，读过前文的各位或许就更容易理解了。

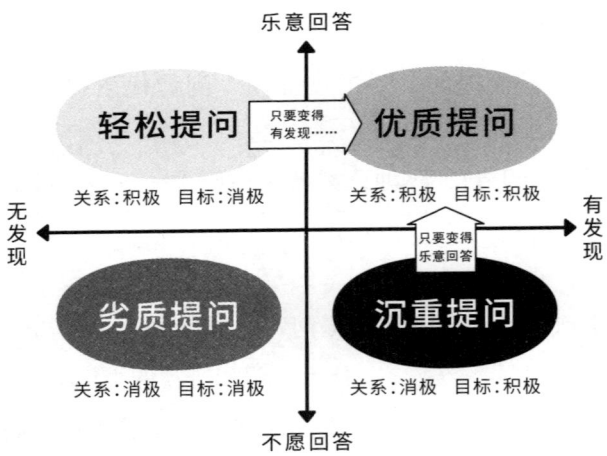

从"轻松提问""沉重提问"到"优质提问"

第 2 章 提问分为四种

如果觉得自己的提问尽是"轻松提问",可以思考怎样问才能引起对方的发现和行动;如果觉得自己总是容易问出"沉重提问",不妨尝试各种能让对方主动回答的问法和内容。直接以"优质提问"为目标亦无不可,而采用以上方法,也一定很有效。

没有"对任何人都好使的优质提问"

需要注意的是,"优质提问"同另外三种提问一样,不存在"对任何人都好使的优质提问"。大家应根据不同的对象分别制定内容,自己思考什么样的提问最有效。

我刚成为高管教练的时候,也曾试图制作一个对任何人都有效的"优质提问数据库"。但我实际试用后便发现,对于某人而言能够促成重大发现的提问,对别人往往毫无效果。

提问时,必须针对不同对象"分别应对"。这一点至关重要。

"优质提问"的特征和具体事例

话虽如此，并不是说优质提问不具备共同的特征。

一言以蔽之，优质提问的特征在于**"本质性"**。具体来说，就是询问事物的前提、定义等"本质"内容这一级别的提问。优质提问多是深入挖掘到5W1H——时间（When）、地点（Where）、人员（Who）、对象（What）、原因（Why）、方法（How）等基本要素的提问。

此外，询问"未来"而非"过去"的提问，以及"开放式"而非"封闭式"的提问，更容易成为优质提问。

光这样解释还不好理解，下面我们就详细看看，什么样的提问才是优质提问。

①询问"真正渴望得到的东西"的提问

绝大多数人都希望"进步""成功""成为

理想中的自己"。换用英语来说，就是希望做"want to"的自己。

然而，所有人的人生中都有许多"have to"（不得不）。比如工作中，公司指定的目标销售额、截止期限、预算削减……我们的心灵和时间被别人要求的任务占得满满当当。结果导致许多人将"want to"和"have to"混淆，分不清彼此了。

自己真正想做什么？怎样才称得上成功？理想中的自己是什么样的人？很少有人能解释清楚这些问题。

因此，能让一个人发现"want to"的自己的提问，很可能就是优质提问。

优质提问的定义也明示了这一点。所谓"优质提问"，就是能够促成发现并引起思考和行动的提问。任何人只要发现了自己真正想做的"want to"，都会自发思考并采取行动。因此，询问真正渴望得到的东西的提问，自然便是优质提问。

反过来说，为了实现优质提问，最好能经常思考并尽早明确对方的目标是什么，真正想做的事是什么。

　　正如"沉重提问"那一章节已经阐述过的，只要实现了目的的共享，即使抛出闯入私人领地的提问也无妨。这样一来，成为优质提问的可能性也会大大提高。

　　与询问"真正渴望得到的东西"的提问相类似的，还有询问"死前最想做的事"的提问。

　　这一提问的关键是让对方思考"结束"。比如，针对平时的工作，像下班时间、截止日期之类的"结束"，就在目标的达成上起着重要的作用。

　　同时，尽管人总有一天会离开这个世界，但我们平时都会刻意避免思考"死亡"。结果，越是真正想做的重要的事，越会被每天的生活埋没，变得难以实现。如果能够直面这些事，就会获得重大发现。

　　该提问给"真正渴望得到的东西"加上了"人生的结束"这一期限，所以冲击力极强，是毋庸置疑的本质性提问。但正因如此，它也容易变成"沉重提问"，这一点大家最好记清。

②询问工作大义的提问

通过向众多高管提问，我发现，越是工作做得好的人，越会思考工作的"大义"。

这里所说的"大义"，是指自己从事这份工作对于世人有着怎样的意义，在高于企业"利润"的层面上，能为社会带来怎样的价值。

大家可能已经注意到，"大义"与前面所说的"真正渴望得到的东西"和"目的"近似，或许也可当作社会性、公众性的"目的"。

针对"目的"或"大义"的提问，能使囿于眼前的"have to"的人找回"原本想做什么"这一比现状更高、更深一层的视角，从而促成发现。

思考工作的大义，不仅对于管理者，对于任何职业的人都有重要的意义。

我以前去京都出差时，曾坐过一位年过六旬的男性司机的出租车。闲聊中，他说："我希望所有来京都的客人都能带着好心情回家。为此，我希望自己能一直从事这份工作。"

从这番话里，我感觉到了他和我平时接触的那些高管们的共通点。

假如有两位出租车司机，一个认为自己的工作只是"把客人送到目的地"，另一个则认为自己的工作是"让拜访这片土地的人带着'来这里旅行真是太好了'的好心情回家"，那么二者的开车方式、与客人的谈话内容，大概会有天壤之别吧。我遇见的那位司机，对自己工作的"大义"有着明确的认识，他是满怀自豪地投入工作的。

"你的工作能给社会提供怎样的价值？"

如果你能用自己的话明确回答这种"询问大义的提问"，那你也能把自己的想法（理想）推及周围的人。对于领导者而言，这是最需要掌握的能力之一。

正因如此，我才会换用不同的措辞，屡次问客户这样一个问题："你公司存在的意义是什么？"因为我很清楚，这个问题问得次数越多，客户的思想和语言就会变得越有深度，从而为公司的经营带来积极影响。

③询问词语定义的提问

这一种也是询问"本质性"的提问。

如果对方有常用的词语,你试着问"能不能告诉我这个词的具体定义?"有时就能促成对方的重大发现。

例如,对于以"满足顾客"为公司经营理念的总经理,可以问"你所考虑的'满足顾客',具体是指什么?"再比如,对于制造业公司的总经理,可以问"对你来说,贵公司的这款产品有着怎样的意义?"这些经常挂在嘴边的词语,有时反而很难解释清楚。

很多时候,即使是常用的词语,对于不同的人也有不同的含义。

用"一言以蔽之,总经理的工作是什么"这个问题去问多个总经理,得到的回答肯定千差万别。很少有人对自己常用的词语有明确的定义。

大家不妨也开始关注自己在工作中、组织里不假思索就用的词语,比如"销售目标""预算",等等。

"销售目标的存在是为了什么?"

"预算是指什么?"

即使是平时一直把这些词语挂在嘴边的销售经理,面对这些问题也可能答不上来。

有个客户曾对我说:"你这么一问我才发现,自己以前根本没仔细思考过,就对下属'目标!目标!'地喊个不停。我自己连含义都没弄清楚,说出来也很难调动下属的积极性。"

我虽然不是演讲专家,但我认为,演讲者若能准确理解自己所说的每个词的含义,只说出自己真正理解了的内容,会更容易被大众理解和接受。

自己明确了词语的定义,说出口时的力度也会有所不同。重新关注那些平时不假思索就用的词,尝试深入思考,也有助于领导力的提升。

④询问相反概念的提问

关于"词语",还有一点值得注意。

对方若有经常挂在嘴边的词语,不妨试着询问与之"相反的概念"或"反义词",这样容易成为探求本质的优质提问。

例如，面对以"想生产有个性的突出商品"为口头禅的制造企业的总经理，可以问"那么反过来说，没有个性也能被大众接受的商品是什么样的"之类的问题。

于是，对方就会逐一列举"有个性的商品"的相反概念——"无个性的商品"的特征。如此一来，反而能使有个性的商品的轮廓凸显出来。

这就好像我们在思考职业规划的时候，为了找到"自己想做的事""喜欢的事"，反而会列举出"绝对不想做的事""讨厌的事"。

直接思考想做的事、喜欢的事，往往会因选项过多而想不出来，但与之相反的不想做的事、讨厌的事，则很容易就能想出来，而且会很具体。只要列出"讨厌的事"，"喜欢的事"就会自然而然地变得清晰起来。

询问相反的事，还有其他多种功效。

比如说，可以向希望达成目标的人抛出"如果未能达成目标，你的心情会怎样""如果未能达成，会发生什么事"等提问。

如此一来，对方就能从异于以前的角度去思考目标，从而进一步强化自己渴望达成目标的积极性。

⑤ **质疑"理所当然"的提问**

下面再介绍一种"本质性"的提问。

与"询问词语的定义"类似，询问"觉得理所当然的事"是否名副其实，也容易成为优质提问。

人的盲点之一，就是想当然地对某项前提深信不疑，没机会深入思考它的意义。正因如此，重新针对这种"理所当然"提问，就很可能成为优质提问。

例如，大企业的总经理，手下有许多员工是理所当然的事。如果一个员工也没有，会怎么样？如果公司里只有总经理一人，自然无法做成如今的事业。

"但以前是什么情况？"
"啥？以前？"

"是啊，贵公司成立之初又如何呢？"

很多公司如果追根溯源，都会归于一位创始人身上。正因为某个人在某个时候立志要振兴某个事业，公司才会诞生。在那个时间点，自然只有总经理一个人。

创业总经理即便独自一人也想生产、销售的，是怎样的商品？现在觉得"有"是理所当然的人才、品牌等公司财产，是经过了怎样的累积，又有着怎样的价值？发现这些日常容易忘记的重要事情的契机，就来自上面所说的提问。

这是针对"员工"的提问，而"觉得理所当然的事"，应该是存在于所有5W1H中的，例如订购产品的时间、办公室和工厂的地点、生产流程，等等。请大家也先在自己周围寻找优质提问的素材。

⑥尝试改变立场的提问

我们常说，"要试着站在对方的立场上思考"。能够促成"尝试改变立场"的提问，对于发现是很有效的。

人际关系总是容易变得固定化。尤其是置身在上下关系明确的公司，很容易被自己的立场所带来的思维方式束缚。

因此，如果向总经理或经理抛出"假如你和某某互换立场，会怎么样"这一提问，结果会如何呢？

"如果自己是这家公司的新员工，对于目前的工作方式有何想法？"

"如果自己是订货公司的负责人，对于这家公司的工作进展有何想法？"

"如果自己是这家公司的管理者，打算如何将公司发展壮大？"

光是像这样尝试改变立场，就会接连生出前所未有的疑问，由此往往即可产生以前从未试想过的创意，或者察觉以前被忽略的问题。做生意的人常说，"持有顾客视角很重要"。其实岂止是顾客，尝试站在自己周围所有人的立场上，都有助于获得重大发现。

顺带一提，"如果自己是这家公司的管理者……"这一提问，属于第1章介绍过的"想当总经理的人"抛给自己的提问。或许也可以说，"想当总经理的人"是能够改变立场提问的人。

⑦询问现在和未来的提问

若用时间轴来区分四种提问，则"轻松提问"和"优质提问"往往产生于询问现在和未来之事的时候，而"劣质提问"和"沉重提问"则容易出现在询问过去之事的时候。

关于这一点，想想一件事"做之前"和"做之后"，就能明白了。

例如，假设有个同事明天要做一场重要的演示。如果你想祝他演示顺利，就应该这么问：

"会有多少客户出席？"

"你觉得他们大多有着怎样的经历？"

"明天的演示，你会按照什么顺序传达信息？怎样做才最能打动听者？"

"看完演示的人带着怎样的感想离开，会令你感到开心？"

如此一来，同事就能具体而明确地想象出谈话对象（即观看演示的客户）的形象，自然也就能说出更容易打动对方的话，而且还能意识到演示资料的必要元素，从而确保万无一失。因此，这样的提问应该有很高的概率成为优质提问。

同样的提问，如果在演示结束后的第二天再问呢？

"来了多少客户？"

"他们有何感想？"

一旦这样问，就已经失败了。即使被问者有所"发现"，也会伴随着后悔和反省，所以在对方看来，你的提问就是不愿回答的"沉重提问"。

要想实现对方乐意回答、能获得发现的优质提问，关键就是要向前看，要询问未来的事。

⑧ "优质提问"是开放式提问

最后是关于"封闭式提问"和"开放式提问"

的说明。不同于本书所说的四种分类，提问还可以分为"封闭式提问"和"开放式提问"两种。这两种提问的区分，是由提问的目的决定的。

所谓封闭式提问，是指回答的范围像"是或不是""不是A就是B"这样，事先即已限定的提问。

例如，"作业做了吗""跟客户联系了吗"等提问，就属于封闭式提问。

由于这种提问能得到明确的回答，所以用在确认已发生的事实或对方的意见时，会很有效。

据说，在公司里的管理职位越高，封闭式提问用得往往就越多。

根据我所在的COACH A公司的调查，企业管理职位人员的提问，有七成以上都可归类于封闭式提问。这是因为，向下属确认工作进度时，像"指示过的工作做没做呢"之类的封闭式提问是最适合的。因此，封闭式提问多用在"指示、命令"的关系当中。

此外，对于被问者而言，由于封闭式提问基本都可用二选一的"是或否"来回答，所以也有心理负担（思考时间）少的优点。

不过，封闭式提问也存在这样一个大缺点——因为回答受到限制，所以谈话得不到扩展。

通过是或不是、做了或没做等二选一的回答，无从得知被问者的想法，以及采取该行动的理由和动机。

而其最大的缺点是，一旦始终重复封闭式提问，容易令对方感受到"我怀疑你"的言外之意。

比方说，母亲向孩子抛出的"作业做了吗""做好准备了吗"等提问。在被问者听来，这些提问不仅是在确认做没做，更包含着"作业还没做呢吧""还没做好准备呢吧"等怀疑的信息。因此，被问到"作业做了吗"的孩子会感到不快。

工作也一样。如果上司总是向下属抛出"会议准备做好了吗""计划提出了吗"之类的封闭式提问，就容易令下属心生反感，给信赖关系的建立造成负面影响。

相反，所谓开放式提问，是指回答方式不受

限定、能够自由措辞回答的提问。

"你觉得这次的新商品如何？"
"怎样才能提升团队业绩？"
"什么时候会令你感到干劲高涨？"

这些都是开放式提问中较易理解的例子。相对于能用是或否来回答的封闭式提问，开放式提问使用了"时间、地点、人员、对象、原因、方法"等"5W1H"的疑问词。

经常有人判断不出自己的提问是开放式提问还是封闭式提问。这种时候，不妨在心里把问题译成英文试试。如果是以"Do you""Are you"开头的提问，就属于封闭式提问。

只要是以"Do you""Are you"开头的提问，就不能当成用以扩展谈话的开放式提问。请务必依据句型来判断。

顺带一提，5W1H的疑问词可以分为两类。
询问"时间、地点、人员"的提问，能使对

方更清楚地认识到自己一直忽视的因素,从而制定稳妥的行动计划,使目标具体化。

询问"对象、原因、方法"的提问,能使对方深入思考行动的目的,以及采取该行动会造成怎样的后续发展,从而对于行动结果将给自己带来的喜悦产生清晰的意象。

此外,由于开放式提问的回答方式是自由的,所以它比封闭式提问更容易令对方产生"是我自己得出的答案"的感觉,从而引导出自发性的回答。

通过这些特征可以看出,开放式提问比封闭式提问更容易成为优质提问。

重要的是将封闭式提问变成开放式提问技巧。

前例所举的"作业做了吗"这一只能用是或否来回答的封闭式提问,只要改变一下思维方式,也能变成开放式提问。

"最近什么样的作业比较多?"
"今天的作业要花多长时间?"

"假如可以找人帮你做作业,你会找谁?"

不考虑平时的关系这一因素的影响,与使用封闭式提问相比,孩子显然更乐意回答这样的提问。这是因为,孩子能在心里构想出为了做完作业所采取的具体行动流程。

如果你觉得自己在公司里对同事或下属总是使用太多的封闭式提问,不妨逐渐尝试换用开放式提问。

通过持续使用开放式提问,应该就能自然而然地得到大量的优质提问。

第3章

"优质提问"的诀窍

正如前文已说过的，一个提问能否成为优质提问，须得具体情况具体分析，要视对方和状况而定，是无法举出万能的具体例子的。不过以我的经验，在任何时候对任何人都有效的方法——为实现优质提问所做的准备和工夫——是可以传授的。

本章就来谈谈"如何询问""必须避免什么"等提问的诀窍。

交换言外的信息

首先，我来告诉大家实现优质提问的最重要的姿态，就是要"倾听"对方的话。

我们把由衷地关心提问对象、真挚地倾听其话语的态度和行动，称为"积极倾听（active listening）"。

"倾听"动辄被人理解成"接受单向发送的信息"这一被动行为。其实并非如此。"积极倾听"一词中，包含了**凝神谛听对方的话语，同时认真面对"言外之意"和"真正想传达的心情"，并且也向对方提供反馈，从而深化发现的积极姿态**。

因此，我在高管教练课上，会尽全力听取对方的"言外的信息"。很多时候，比起回答本身，声调、音量、语速、姿势、表情等言外的信息，更能有力地表露出对方的心情。

眼前的对方，衣着打扮如何？如果裤子和衬衫上有很多褶皱，说明对方可能非常沮丧，连衣装也无心顾及了。

对方是否心不在焉？表情开朗吗？气色如何？通过仔细观察，就能获得大量信息，了解对方当前的状态。

对方说出的"言语本身"自然是要听的，但

在此基础上，还有必要注意其"讲话方式"和"言语中蕴含的感情"。

每节课后，我都会用文字把该节课的要点记录下来，但我切实地感受到，仅靠文字，总是难以表述对方当时灌注在言语中的热量和感情。血肉之躯的两个人单独交谈时，会交换数百倍于单纯排列的文字所包含的信息。

当然，提问者也需要留意自己的表情和姿势。

再高明的优质提问，如果愁眉苦脸地问，也不会给对方留下好印象。无论在言语上多么尊重对方，一旦表现出与之相反、仿佛是在否定对方的表情或态度，就会传递给对方负面信息。

尤其是"姿势"，最能表现内心。例如，上司与下属交谈时，是身子始终对着电脑，只把脸扭过来看下属，还是全身正对下属回答提问，二者给下属的印象将截然不同——后者的言语自然更能打动下属的心。

以我的经验，在一对一提问时，最佳姿势是坐在从对方看来稍偏右或偏左（根据个人喜好而定）的斜对面，隔着桌子相距一米左右，身体朝向对方。

如果坐在正对面，中间没有桌子，感觉就会像面试，有时会产生不必要的紧张。可能的话，还应该留意房间的照明和氛围。

提问应顺势而行，现想现问

作为优质提问的应有姿态，积极倾听固然重要，但从技巧上来说，最基本的则是"提问应顺势而行，现想现问"。

前文已经多次强调，"优质提问须分别应对"。干我们教练这一行，新手容易犯的一个错误，就是把提前写在纸上备好的提问，在客户面前按顺序逐一说出来。

在企业录用新人的面试中，也常有学生不顾现场的气氛和势头，单方面地陈述早已背好的自我介绍。这种"事先准备的言语"，是无法打动对方的。

同样，经常看棒球等运动赛事转播的人，可能会感觉到，电视台播音员在赛后采访选手时，是照着早已备好的列表提问的。有时选手难得做出了颇有意思的回答，播音员却置之不顾，直接提出下一个问题。每次看到这种情况，我都会觉得"太浪费了！明明深入挖掘一下会很有趣"。

事先准备的言语或提问，是无论如何也包裹不住热量和感情的，而被问者是当场思考并做出回答的，所以两者之间必然产生温差，这一温差将导致交流的错位。

话虽如此，并不是说事先准备毫无意义，尤其是我所从事的这份工作。

在开始上课前，我会精心准备提问的列表，不然就无法安心面对客户。不过只要开始上课，我就会更重视现场的气氛和势头，而非列表。偶尔也会出现准备的提问一个也没用上的情况，那也无妨，只要对方做出有深度、有广度的回答，便可由此展开，陆续提问。

一边倾听对方的回答，一边思考下个提问，如此流畅地陆续抛出提问，确保谈话的势头不会中断。这需要一定程度的"惯性"。不过只要加以练习，任何人都能做到。

这时，放在手边的"备忘录"很重要。一旦对话中出现了能引出下个提问的关键词，一定要记在本子上，不然当对方的发言拖得很长时，可能就会忘记自己想问什么了。

很多人在采访、面试、商谈等场合，会集中精力记录对方的讲话内容。但我建议，应该优先记下自己当时一瞬间想到的提问，以及用于提问的关键词。有了"优质提问"，才能产生"优质回答"。

当场思考各种提问的方法

说到"提问应顺势而行，现想现问"，不少人觉得"顺势"很难做到。市面上有很多以"对话"或"闲聊"为主题的畅销书，由此即可看出，许多人极不擅长"自然而然地对话"。

第3章 "优质提问"的诀窍

如果不是"对话"或"闲聊",而是"提问"呢?提问时,只要站在彼此近于对等的立场上,基于自己的疑问或关注,向对方抛出问题即可。

要想做到当场思考各种提问,还是得着眼于5W1H。

例如,假设有个总经理认为"销售额比什么都重要",那就可以在一定程度上依循5W1H,不断向他提出"你是从何时开始持这种想法的""你认为谁是提升销售额的关键人物""为了提升销售额,你最重视的是什么"等问题(通过5W1H制定提问的方法,将在第4章详细介绍)。

如此一来,你想详细询问的事必定会显现出来,然后即可更进一步,试着从多个角度抛出"那个信念为经营带来了什么好处""你觉得你的想法向员工渗透到了什么程度"之类的提问。

此外,还可以就5W1H中的某一个,接连抛出深入挖掘的提问。据说,丰田汽车公司教导员工,在思考问题时,要"连想五遍'为什么'"。这就是对"Why"深入挖掘的提问。

提问不提建议

原则上,我是不提建议的。这与其说是优质提问的方法,不如说是更根本的待人方式和姿态。

这并非单纯的个人喜好,而是作为专业教练的哲学。

我们教练与所谓的咨询顾问有一点大不同,就是"咨询顾问会提建议,教练则不会"。

听取客户所面对的各种课题,分析现状,尽可能提出最合适的解决办法——这是咨询顾问的工作。咨询顾问提供的是"客户为了达成目标所应采取的行动方案"。

而我们教练不会向客户提供任何建议。这是因为,由我们提出终结性的"行动方案",是不会引起客户的"发现"的。

"最好这样做"之类的建议,或许当时确能奏效,但下次遇到同样的状况,未必还会适用。也就是说,很多时候,建议是不具备可重复性的。

即使接受并执行了建议,终究属于"被动"

行为，并非源于自己深思熟虑后得出的结果，所以很难促成进步，有时还会对提供建议的人形成依赖。而一旦失败，可能还会归咎于提供建议的人。

相反，当对方通过提问自己获得发现时，巨大进步是可期的。获得优质提问并将其内化的人，能在自己的思想中不断刷新该提问。**比起好的建议，"优质提问"更容易成为"一生的财富"。**

话虽如此，我并不是在全盘否定建议。指导刚入职的新员工如何工作、让下属学习某些专业技术等很多场合，建议都是有效的。关键在于有区别地使用。

是手把手地指导好，还是让对方思考以促成发现好？答案因对方所处的状况、与自己的关系等因素而变。

如果暂时只想培养"听从上司命令而行动的下属"，建议更具速效性。

然而，如果希望培养"比自己进步更快"甚至"能完成世界最高水准的工作"的下属，或是已经发展到了势在必行的阶段，那就最好通过提问来促成发现,而不是通过建议给出答案。

　　同为运动员,以摘取奥运金牌为目标的选手和以参加"省运会"为目标的选手,指导方法自然不一样。

　　短期内,也许能通过"强迫"和"胡萝卜加大棒"的手段逼出干劲,但要想成为长期活跃在世界第一线的选手,通过自己的力量来维持高昂的斗志就是不可或缺的了。

　　我们的人生和工作也一样。如果追求的是长期努力和高水准的工作,光靠教练提供的建议是不可能达成目标的。

　　正因如此,我认为在教练课上,目标本身也不该是"给予"的,而应由对方"自己导出"。实践自己的发现较之获得别人的建议,最终所能达到的高度必然更高。

提问应排除杂音,专注于"我"想问的事

　　尚未习惯提问的人提问时,常常会令对方严

重误解提问的意图,或是不能顺利传达问题的含义。这样的情况主要可分为两种模式。

一种模式很简单,就是对方无法理解提问者的语意。例如,任职于外资企业的人在日常对话中,有时会像"开会时使用哪种 handout(分发的资料)""把这个项目和别的项目 merge(合并)起来怎么样"一样,使用公司内部常用的外来语。这没什么大问题,只要对业界用语或公司内部用语稍加留意即可。

另一种模式更棘手,是在提问中掺混了杂音。第 2 章提到的"别有用心的提问",如果再严重些,就属于这种模式。

具体来说,我们在名人演讲会等场合常能见到这样的光景——有的人在提问时,会握住话筒,不厌其烦地陈述自己的见解或开场白,比如"方才,您讲了××这件事。但关于这件事,我曾听某某先生说过这样的话……"如此一直说了五分多钟,最后完全搞不懂他想问什么。

与之类似,还有人明明是自己提问,却一味拿"公司""社会"等词来说事儿。这也是导致提问意图难以理解的原因之一,请大家务必留意。

归根结底,"提问"就是"你"和"我"的一对一交流。这在后文还会详细说明。

对"你"提问

要想实现优质提问,针对提问对象本人"你"提问的姿态很重要。

例如,如果是像"怎样才能达成工作目标"等用来促成发现的提问,那么与其询问业界状况、对方的上司或下属等"周边信息",不如询问"你自己(提问对象)觉得目前的状况如何,该做什么?"这样获得发现的可能性要高得多。

尤其是对于那种爱把工作不顺归咎于周围环境,认为下属或上司不协助自己的人,应该问他们:"你自己想怎么做?"

第 2 章曾谈到"自责"和"他责",可以说,针对"你"的提问,是使"他责"之人变成"自责"之人的一种强力手段。因此,尽管容易成为"沉重提问",但若想帮助对方接近目标,这样的提问就是不可避免的。

此外,针对词语定义的提问,比如,"对你而言,战略是什么"和"战略是什么"相比,前者获得发现的可能性也会更高。

以"我"为主语的反馈

前文曾提到,反馈也是积极倾听的重要一环。

提问之后,一定要向对方"反馈",不能听完回答就算了事。即使对方的回答很简单,最好也能说声"谢谢"。当问答量较大时,只有认真反馈"我听了回答有这样的感想",才算完整地结束交流。

将上文所说的两项综合起来,就是由"我"问"你",再由"我"向"你"反馈。

我在反馈中传达的内容,大致可分为两类。一类是通过课程所了解的"**客观事实**"。比如,一个人讲话的习惯或特点,就属于客观事实。对此，我会尽量排除自己的判断，依原样向客户传达事实，比如，"在这次课上的一个小时里，开始谈话前，你使用了五次'但是'这个词"。

此时我也不会提建议，只是依原样传达事实。一个人无意识中的口头禅和言行举止，到他成年以后，就几乎不会再被人指摘了，所以光是像这样传达事实，对于客户而言就是不小的发现。

另一类是我身为高管教练所见的**"主观事实"**。它与刚才所说的客观事实不同，会传达"我听了回答有这样的感想"等情绪或印象。

此时，我会坦率地说出"我所接受到的印象"，比如，"我觉得你刚才的语气多少有些草率"或"从你的回答中，我感到你不信赖自己的下属某某"。

在这种情况下，一定要用"我"做主语。这一点至关重要。毕竟主语是"我"，所以是作为个人见解的主观事实。被问者也许会感到不快，却无法做出"没这回事""那种看法是错误的"之类的全面否定，因此较容易接受"这个人是这么觉得的"这一事实。

如果不用"我"而用"你"做主语,告诉对方"你太草率了",结果又会如何呢?对方肯定会觉得自己受到了责备和非难。

我把这种以"我"为主语的句子所传达的内容称为**"I 信息"**。

实际中,根据提问内容的不同,可以做出多种多样的反馈。然而,有区别地传达"客观事实"与"主观事实",以及使用"I 信息",在任何场合都是有效的。

尤其是 I 信息,不仅对于工作中的交流有效,也适用于夫妻吵架或教训孩子等场合,所以请大家务必实践尝试。

意外回答的应对方法

下面再讲一个与反馈有关的问题。

有时,对于你的提问,对方会做出出人意料

的回答，比如完全风马牛不相及的回答；或是你想得到具体的回答，可对方的回答却很抽象，等等。在工作谈话中，如果下属做出这样的回答，上司总会忍不住多嘴两句。这样的心情我完全能够理解。

然而，无论对方做出什么样的回答，最好都不要评判其回答的"好坏"。

如果回答当场遭到否定，并且是感性上的否定，对方会怎么想？肯定会对下个提问采取守势，失去坦率回答的心情，其回答将会优先顾及你的心情而非真实性。这与促成发现和行动的优质提问恰好相反。

被问者给出意料之外的回答，必然有其理由，可能是因为无法用语言准确表达自己的想法，也可能只是有所误解。

你可以着眼于该理由，或是与自己预想中的回答之间的偏差，向对方再问一遍。

"是这样啊。能不能告诉我你为什么会那么想呢？"

"原来如此。具体是指哪些事呢？"

"如果那么做，在这种情况下会怎样？"

可以像这样暂时附和对方的发言，同时继续探索对方真正想说的内容。

不做消极提问

这里所说的"消极提问"，指的是"劣质提问"中尤其是否定、消极、会令对方心情变差的提问。

在媒体采访等场合，有些记者为了使报道吸引眼球，会一味地抛出消极的问题。

我以前有一次接受采访时，就遇见了这样的记者。尽管我说了许多积极向上的话，可对方的提问不是"这个世界上哪有那么顺利的事"就是"话是这么说，但怎么可能每个人都做自己想做的工作呢"。不经意间，谈话就被导向了消极的方向。

采访结束时，我终于忍不住问他："你为什么要用那种消极的表现来提问呢？"对方却显得大吃一惊,似乎其本人对此毫无自觉。

后来经过开诚布公的一番交谈,我才得知,那名记者当时正因私事而深陷苦恼,心情低落,身体健康也出了问题,而无意识中,这样的状态就体现在了提问当中。

提问者平时的所思所想,以及当天的状态,会如实地反映在提问中。如果自己怀着受害意识,囿于消极思想,那么抛给对方的提问也将是消极的;反之,如果自己怀着自主意识,思想积极,就容易在开朗的气氛中向对方抛出优质提问。

可以说,自主意识和积极状态,是"优质提问的技巧"的基础之一。

将"沉重提问"变为"优质提问"的方法

在第2章,我们曾稍微提到了将"沉重提问"变为"优质提问"的方法,下面再详细说明一下。

比如,假设下属在与客户的谈话中惹怒了对方,你正打算询问其原因。如果使用"你怎么会惹怒对方的"这样的表达方式，下属的回答难免会带有责备自己或客户的消极色彩。

"因为我考虑得不够周到……"
"跟对方八字不合……"
"因为对方强行提出无理要求。"

之所以出现这种情况，是因为这样的提问本身只是在"询问失败原因"。

与之相对，如果像"怎样交流才能顺利呢""你觉得下次拜访客户时，怎样做才能确保顺利"一样，询问"为了改善该怎样做"，被问者就能在关注失败原因的同时，以积极向上的心态回答提问。

如果下属与客户发生纠纷，可以问他"客户想要的是什么""在下次拜访客户之前，你打算做哪些准备"。这样一来，下属就会自发思考如何补救。

这种面向未来的提问，也完全有可能弄清失败的原因。倒不如说，相较于追问"为什么失败了"，这样的提问能够收获更多的"回答"和"发现"。

如果你觉得自己正准备提出的问题含有一些对方难以回答的内容，请思考能否将其变为面向未来的"优质提问"。

不说没必要的"开场白"

有的人在开始提问时，习惯说些多余的"开场白"，比如"我姑且想请问您""也许这些话没必要说"，等等。

我想，这些开场白应该是出于不伤害对方感情的考虑，或是出于"问这种事会不会被对方小瞧"的顾虑，从而下意识地脱口而出的。如果你有这种习惯，应该有意识地设法改掉。

把自己的谈话录音，过后再听时就会发现，自己使用这种"开场白"的次数要比想象中多得多。当然，这些开场白有时不无效果，但更多时候只是明显多余的口头禅，会扰乱谈话的节奏。光是减少这些"开场白"，就能使谈话一下子变得流畅许多。

另外,还有的提问者在谈话过程中表达意见时,会使用"可是""话虽如此"等措辞,听起来就像是在否定对方此前的言论。

这样的表达方式最好也要减少。一次两次无妨,如果多次重复,就可能令对方产生"这人一直在否定我的话""他是不是讨厌我"的感觉。

认清适合提问的场合

出人意料的是,我们在提问时经常会无视对方的状态或场合,只顾自己方便。

在职场中,当对方正埋头于电脑前,或是正在和别人交谈时,即使向其提问,也难以得到称心如意的回答。对于提问,有些东西需要格外注意。当然,日常对话中同样如此。

例如,假设上司询问无法达成销售目标的下属:"你觉得怎样才能达成目标?"根据地点和场合的不同,这一提问的回答难度将大相径庭。

如果上司特意占用会议室,以一对一的形式

向下属认真询问，下属一定会觉得"上司是真的在为自己着想，所以才会这么问"。

相反，如果是在众多销售员出席的会议上，向未能达成目标的下属抛出同样的提问，结果又会如何？被问到的下属可能会觉得"自己的成绩不争气，所以遭到叱责了"。

针对"工作中的错误"的提问，应尽量在周围无人的时候，以一对一的形式提出，这样容易成为优质提问。此外，不仅限于这种提问，不管是什么样的提问，都要顾及对方方便与否，留意时间和地点是否合适。

第4章

"优质提问"的创造方法

上一章所说的优质提问的诀窍，主要是在已经有了想问的问题时，如何使其成为优质提问。本章将更进一步，说明从零开始创造优质提问的方法。

这部分内容又提高了一个水平，面向的是真正渴望活用提问的人士。如果你对创造大量的优质提问感兴趣，请务必读到最后。

十分钟了解提问的个人倾向

首先，希望大家通过练习，体验如何自己创造提问。难度并不大，请对下面介绍的练习进行实践。

迄今为止，大家具备多少有意识地"创造提

问的经验"?

那些曾做好"我要从现在开始创造提问了"的心理准备,把提问写在笔记本上的人,恐怕并没有多少这方面的经验。

然而正如前文所述,人平时会在无意识中自然而然地向自己提问。

假设一个人明天上午十点钟要去客户的办公室碰头,那么不管这人是谁,都会不断问自己:"必须几点出门?""如何换乘地铁?""该带什么资料?"类似的提问每天都会进行。

本章所进行的训练,就是将这种平时无意识中所做的"自问"集中于一个目的,进行有意识的创造。

提问的主题如下:

提问:"为了进一步提升自己的绩效(工作、私人生活、整个人生),你每天会向自己抛出怎样的提问?"

限时十分钟。请以二十个提问为目标进行思

考。在公司研修等多人同时进行的场合,也不要跟别人商量,请一个人自由地创造提问。

(在十分钟内思考提问)

好了,时间到。

可能有的人轻而易举就想出了二十个提问,有的人则只能想出十来个。请放心,不用在意数量的多少。

为了向大家展示典型的"提问样本",我也请本书的四名制作人员参与了这一课题。

下面来看结果吧。

● A(四十多岁的男性、个体经营者)想出的提问

"当前导致自己绩效降低的主要原因是什么?"

"为了提高工作效率,应该重新审视的生活习惯是什么?"

"你觉得绩效高的人过得是怎样的生活?"

"你理想中的工作模范是谁？"

"在每天的日常事务中，应该重新审视的事情是什么？"

"你的绩效在什么样的情况下会提升？"

"什么样的饮食有助于提升绩效？"

"为了提升绩效，每天应该几点起床？"

在 A 的提问中，关于生活习惯、饮食、睡眠时间等日常生活方式的提问很引人注目。从中可以看出，对于 A 而言，绩效的提升与每天的生活之间存在紧密的关系。

或许由于 A 是自由职业者，工作基本上都是独自完成的，所以在提问中并未出现"与其他人的关联"，这也很有特点。由此可见，所处的环境和工作的特性不同，想出的提问就会截然不同。

● B（三十多岁的男性、公司职员）想出的提问

"当前妨碍精力集中的东西是什么？"

"是否正在从整体上审视工作？"

"有没有把工作分阶段或步骤来考虑？"

第 4 章 "优质提问"的创造方法

"手下有没有关键人物？"
"有没有关注自身以外的事物？"
"是否正在追求独创性？"
"是否能够自知所短，专注所长？"

B 在出版社任经理一职，领导着几名下属，同时自己也制作了不少书籍。从他的提问可以看出，他似乎已经确立了适合自己的方法论，知道怎么做能提高工作效率。看来，他以前就曾通过把工作分为若干阶段、把握整体、聚焦于自己擅长的事等做法而体验过成功了。

我问 B 创造提问的感想，他的回答是："跟别人的提问一比，我意识到自己的提问形式多是不能自由回答的，只能用是或否来回答。我反省到，自己对待下属时，肯定也在不知不觉间使用了这样的问法。"

的确，很多时候，限定只能用是或否来回答的提问等同于封闭式提问。

看起来，B 是那种开展工作干脆利索的人，我觉得这是编辑这一职业所必不可少的素质。他谈到，自己就像"那到底是怎么回事呢""结论是什么"一样，总是想把灰色的东西区分黑白，倾向于对不合逻辑的事物抱有违和感，而这种倾向也反映在了提问中。

● C（四十多岁的女性、公司职员）想出的提问

"所谓绩效高，指的是怎样的状态？"

"和谁一起工作能发挥高绩效？"

"为了把工作做出120%的成果，我能做什么？"

"为了使明天的工作变得令人期待，我今天能做什么？"

"现在应该立刻停止的事情是什么？"

"帮你提升绩效的人是谁？"

"你想提升谁的绩效？"

C在我的公司里负责公关工作。这次，她想出了直面"绩效提升"这一主题的提问。

或许是因为C平时多在团队里工作，她的几个提问中都包含了"和谁一起工作"的视角。这与前面A的情况——由于大多独自一人工作，所

以绩效提升也是从个人视角来考虑的——形成了鲜明的对照。

● D（三十多岁的女性、公司职员）想出的提问

"这项工作结束后，下一项工作做什么？"

"以怎样的顺序推进工作，能和大家配合顺利？"

"以怎样的顺序推进工作，能够提高工作品质？"

"通过工作，能新接触到什么人？"

"通过工作，能达到怎样的高度？"

"通过工作，能新学到什么东西？"

"做完工作以后干什么？"

"那项工作是为谁而做的？"

"那项工作的目标是什么？"

D 也是我公司的一名员工。在她的提问中，频繁出现了两个词——"工作"和"顺序"。我让他们思考提问，针对的不只是如何做好工作，还有如何提升私人生活和整个人生的品质，而在

D看来,所谓的绩效提升,似乎等同于"工作"。

此外,通过"顺序"一词,还能感觉到,D是那种重视效率和秩序的人。

在D的提问中,"接下来""新""做完以后"等面向未来的关键词也很醒目。通过工作,结识新的人,积累各种学习经验,便是D所认为的进步和工作的喜悦。

由此可见,即使思考的是同一个主题,不同的人也会得出完全不同的提问。这正是这一练习的有趣之处。

用于创造优质提问的基本战略

大家不妨也尝试创造几个抛给自己的提问,如何?

大概很多人都会感到"尽管试着想了不少,却尽是些类似的提问"。

实际练习一下就会发现,提问中存在明显的

个人"偏向"。

让提问者本人切实感受到这种"偏向",尽管也是该练习的目的之一,但我希望大家思考的还有一点,那就是为什么会产生这种提问的"倾向""偏向"。

固然可以说,因为性格、工作环境、人生经历不同,所以想出的提问自然也会不同。

然而在我看来,从更本质的层面来说,原因在于**每个人的"渴望得到的东西""价值观""常用语"不同,所以提问才会不同**。着眼于这一点,是创造优质提问的基本战略。

优质提问就在"已内化的提问"附近

如第1章所述,提问存在这样一种倾向——它会在不知不觉间被"内化",同一个问题会于无意识中在心里反复询问。

因此,如果你想实现优质提问,给提问对象带去"发现",只要提出于对方而言的"新问题""从没自问过的问题"即可。尽管这些提问最终也将在对方的心里重复，但这也正是本书特别想告诉大家的一个要点。

对于被问者来说，即使是高管教练抛出的提问，如果此前已在自己心里重复了无数遍，也不会产生新的发现。正因如此，我们高管教练才会花大量时间"寻找对方平时没自问过的提问"。

话虽如此，并不是说提问要完全脱离对方的兴趣爱好。

所谓发现，其实距离其本人所思所想并不"遥远"，必然存在于平时不停自问的领域"附近"。

本来，人就无法思考"自己一无所知的事""从未关心过的事"。对自己而言的重大发现，也是以前积累的知识和想法的延伸。

著名脑研究者、东京大学的池谷裕二教授表示，被视为创新代表的iPhone，也是移动电话、触控面板等既有技术的组合。他还写道："人并不会飞扑向完全新奇陌生的创新，而是会从已熟悉的事物中找出些许变化来体验快感。如果一个东西发生了100%的改变，恐怕人连思考也做不到了。"（见《DIAMOND 哈佛商业评论》2016年 6 月刊）可以说，关于提问也是同样的道理。

刚开始当教练的人，觉得必须提出对方从未想过的问题，所以容易抛出"遥远的提问"。那的确属于未内化的提问，但如果过于遥远，是传递不到对方心里去的。

创造优质提问的有效方法，是**寻找与对方心里已内化的提问距离相近，却又像"盲点"一样被忽略的要点。**

关注对方的"3V"

那么，怎样才能找到"与对方心里已内化的提问距离相近，但又从没自问过的提问"呢？

切入点就是前文提过的导致提问产生个人偏向的"目标""价值观""常用语"。我称之为"3V"。

用于寻找已内化的提问的"3V"：
Vision：理想（渴望得到的东西）；

Value：价值（价值观）；
Vocabulary：语汇（常用语）。

所谓"理想"，指的是一个人希望达到的状态、真正渴望得到的东西、由衷想去尝试的事。

"价值"指的是一个人在判断事物时所重视的价值观。

"语汇"指的是一个人在平时的对话、问答中常用的词语。

对方的"理想"和"价值"终究要由词语（语汇）来表现，但请记住——对于"理想""价值"以外的事，"常用语"也是应该关注的。

我上高管教练课时，会在预练环节或日常教学中寻找"3V"各自的关键词。

大家在每天的交谈中，应该也有足够多的机会去寻找同事、客户、家人、朋友等谈话频率高的对象的"3V"。另外，通过与提问对象进行交流的电子邮件、脸书(Facebook)、连我(LINE)等工具，也能得到很多启发。

①理想为什么重要

第一个"V"——理想——为什么重要？这一点已经没必要向大家解释了。"不是 have to 而是 want to"、真正渴望得到的东西、想要达成的目标、与工作"大义"相吻合的东西，就是理想。毫不夸张地说，在教练课上，明确理想是最重要的。

正如第 2 章所述，一旦理想——"自己未来的目的地"——确定下来，人就会自然而然地开始思考：为了实现理想，自己现在该做什么。如此一来，就自然而然地产生了实现理想所必需的提问，比如，"为了达成下一期的百亿日元销售目标，应该怎样销售？""要想在五年内成为业界顶级企业，管理层需要什么样的人才？"，等等。

人生或工作中的明确的"目的"，会催生出适合自己的"提问"，从而引起"行动"，最终收获"成果"。

此外，关于理想还存在一种倾向，即谈论得越多，"实现的概率"就越高。这也与"③语汇"有关。

下页图中展示的是"关于目标的问卷调查"结果。该问卷调查是我请由COACH A发行的邮件杂志的读者协助完成的。

从该图中可以看出，谈论目标频率越高的人，越能"记住目标，并正在为达成目标而行动"。

"每周谈论目标超过一次"的人，有92%的回答是"能记住目标，并正在为达成目标而行动"。

而"大约半年一次"谈论目标的人，回答"能记住目标，并正在为达成目标而行动"的只有49%；"大约一年一次"的人，这一数值更是骤减至29%。

也就是说，我们可以认为，要想实现理想（目标），"以高频率谈论理想"是最重要的。

或许可以这么说：越是把牢骚挂在嘴边的人，越会成为"爱发牢骚的自己"；越是把理想挂在嘴边的人，越会成为"奔向理想的自己"。

正是以高频率谈论的话题，创造了一个人的未来。

第 4 章 "优质提问"的创造方法

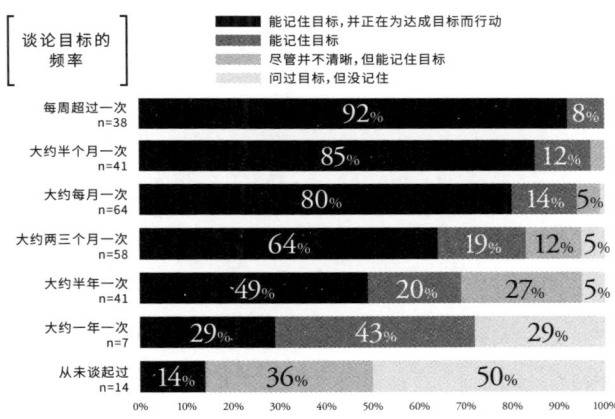

谈论目标的频率与为达成目标所采取的行动之间的关系

②价值为什么重要

"价值(价值观)"一词是认清已内化的提问、创造优质提问所必不可少的概念,所以下面会做更详细的说明。

人的行为,会因其所持的"价值观"而大有不同。

例如,认为"工作最重要的是使利益最大化"的人,与认为"工作最重要的是使顾客满意度最大化"的人,二者的言行必然大相径庭。

我把这种作为一个人的基本性质、可以之判断其行为的根本性价值观,称为"个人操作系统(OS)"。

电脑里首先得有 Windows 或 Linux 等被称作"OS"的基本软件,才能运行 Word、Excel 等各种程序。因此,如果 OS 的性能明显低下,或是只能向某个特定的方向发挥力量,那么无论多么优秀的程序,也无法发挥出 100% 的功能。

这个道理同样适用于人。人有各自的"基本

第4章 "优质提问"的创造方法

观念""事物观""根本性价值观",在工作和日常生活中,人会根据自己的基本观念来做出各种判断。

工作相关的各种技能,例如市场营销知识、会计资格、销售技能、战略性思维等,通常被定位为"工作中的程序"。

拥有多种技能并以高水平运用自如的人,就是所谓的"会工作的人"。

然而,无论"工作中的程序"多么优秀,如果"个人OS"存在问题,那么程序的输出总有一天会失真。

例如,假设有个销售员,具备很强的销售技能,总能以高水平达成目标,但他的个人OS是"上司的话总是正确的""所以下属应该对上司唯命是从"。如果此人成为经理,领导下属,结果将会如何?

他可能会一直以专横的态度对待下属,最后导致下属不是萎靡不振,无法发挥应有的能力,就是忍无可忍,离开公司。在一个销售员身上能够正常工作的个人OS,未必可以直接用于经理或管理层。

关注一个人的价值（价值观），是为了了解对方是以怎样的个人 OS 来处理工作、度过日常生活的。

为了实现优质提问，也请大家不要关注对方的"各个技能"，而是应该思考对方有着怎样的"个人 OS"。

顺带一提，我会把工作中通过提问了解到的个人 OS，以"可以认为，你的日常行为都是基于这样的价值观"的文字形式提供给客户。

许多客户看过之后的反应是，"尽管自己没意识到，但说起来的确如此，我确实是在无意识中基于你所写的价值观来判断事物的"。

价值观也像"已内化的提问"一样，自己很难有所察觉。正因如此，针对价值观的提问才具有重大意义。

③语汇为什么重要

理想也好，价值也好，都得通过语言来表现，

第 4 章 "优质提问"的创造方法

所以在创造提问时,需要提高自己对语言的敏感度。

不过,意识到并关注"对方与理想和价值无关的常用语"也很重要。与理想和价值无关,却在对话中频率出现,说明对方对此"非常在意"(可能其本人没意识到)。

我同客户交谈时经常关注的,是人名、日元升值或利率等经济形势,以及"很累""特别辛苦"等表明身心状况的词语。这些词语,有很大可能成为优质提问的素材。

本来,"词语"就能鲜明地反映一个人的行动。

关西大学的社会学家安田雪教授在《去追究"关联"吧》[1]一书中写道:"通过分析数据可知,企业里业绩高的人(上位的15%)与其他人,在邮件中所使用的措辞是不同的。"

根据该书,业绩高的人(上位的15%)在邮件中的常用语多为"坦率""顺利""向前看""有意义""很特别"等积极的词。与之相反,业绩

---

[1] 原书名:「つながり」を突き止めろ。——译者注

不怎么样的人在邮件中的常用语明显多为"严峻""麻烦""辛苦""琐碎""不好""一样"等消极的词。

是因为业绩好所以使用了积极的词,还是因为使用了积极的词所以业绩好?其中的因果关系不得而知,但从结果上显而易见,不仅限于邮件,在日常生活中使用积极的词,也能使提升绩效的可能性大大升高。

下面再介绍一个例子。关于平时的常用语对行动的影响,哈佛医学院的杰里·沃尔夫教授等人还进行了如下实验:

他们将机场使用的刀枪类检查装置移入研究室,事先告诉参与实验的学生们,"在机场发现危险品的概率大概是这些",然后让学生们检查皮包,查找危险品。

首先,告诉第一组被实验者"在机场发现危险品的概率是1%",于是实验中的危险品发现率是70%。接下来,再告诉第二组"在机场发现危险品的概率是50%",结果实验中的发现率上升至 93%。也就是说，告知发现的可能性高，能够明显提升绩效。

我也同样体会过语言的力量。我在交谈中清晰地感受到，谈到将来的业绩时，越是业绩不佳的企业的总经理，越会使用"话虽不错，可还是很难呀""看起来根本不会顺利"等消极的词语。

将"3V"关键词与疑问词组合来创造提问

关于"3V"，假如已收集到足够多的关键词（单词），就可以开始创造具体的提问了。

创造提问的基本方法是"疑问词与单词的组合"。再复习一遍：所谓疑问词，指的是英语中的 5W1H。

Why：原因
When：时间
Where：地点
Who：人员

What：对象

How：方法

　　有意识地使用疑问词，也是为了不形成以"是或否"结束的封闭式提问，从而能不断地由一个提问的回答衍生出其他角度的提问。为了进行更深入的提问，也应该使用 Why 询问"理由"，或使用 How 询问"方法"或"做法"。这很重要。

　　使用这六个疑问词，与关键词——"名词、动词、形容词、副词"——组合，就能创造提问了。

　　顺带一提，关于疑问词，当然也有必要事先把握被问者的使用倾向，但由于只有六个，所以不需要像"3V"的关键词那样大量收集。

　　创造提问之前，在收集"3V"关键词的阶段，最好尽量先将它们按四种词性（名词、动词、形容词、副词）分类。

　　有人可能觉得，特意按词性分类很麻烦，但一开始分好类，后面的工作就会很有效率，而且通过分类，还能避免提问的"重复"。

如果还没习惯这样的做法，建议你至少要用电脑或本子，边写出来边创造提问。这样一来，只要出现"组合的单词全是名词，关于行动（动词）根本没问"之类的情况，你就能立刻有所察觉。

此时，通过"疑问词与单词的组合"来创造新提问的方法有两种。

一种方法是**着眼于"不常用的疑问词"，将它们与"3V"关键词组合来创造提问**。"常用疑问词"与"3V"关键词的组合，很可能是已内化的提问，而只要换成不常用的疑问词，往往就能创造出促成发现的优质提问。

另一种方法是**使用两个以上的"3V"关键词，创造"新的组合"**。即使是常用的关键词，将关键词与关键词组合而成的提问，也很少是已内化的。通过这样组合，能够促成新的发现。使用这种方法时，疑问词既可以是常用的，也可以是不常用的。

下面来看某大型制造企业的总经理 K 先生着眼于"3V"创造提问的例子。

● K先生的"3V"和疑问词

- 理想(渴望得到的东西)
——"想把销售额提升至三兆日元[1]以上""想使企业成为所有员工都能达成自身目标的组织""想提升经营团队的一体感""想向员工渗透经营理念"

- 价值(价值观)
——"有独创性""战胜""取得成果""环保""愉快""有趣""达成""直达本质""创造价值"

- 语汇(常用语)
——"顾客满意""员工""成果""目标""文化""管理者""对话"

---

[1]约合人民币1870亿元。——编者注

第 4 章 "优质提问"的创造方法

• 疑问词

——K 先生在对话中，经常像"你为什么那么想""你为什么那么做"一样，使用询问理由的疑问词"Why"，而很少使用"人员（Who）""对象（What）""方法（How）"等除"Why"以外的疑问词。

首先，我们尝试将 K 先生平时常用的"3V"关键词与很少使用的疑问词进行组合。

• 为了"把销售额提升至三兆日元以上"，K 先生做"什么"是最重要的？
• 为了营造"经营团队的归属感"，"谁"将是关键人物？
• K 先生"何时"觉得工作最"有趣"？
• 你觉得用"多长时间"能做成"有独创性"的工作？

接下来，再尝试把 K 先生常用的两个以上的关键词形成"新的组合"来创造提问。

• 具备哪方面的"独创性"，能"把销售额提升至三兆日元以上"?

• "对话"对"向员工渗透经营理念"有多大影响?

• "管理者"指的是"创造怎样的价值"的人?

……

像这样做,就能在短时间内创造出大量没被K先生内化的提问。

这其中的一些提问,还完全可作为优质提问在教练课上使用。

利用卡片,轻松创造提问

思考疑问词与"3V"关键词的组合,是我或有意或无意都会在大脑内用以创造提问的方法。

为了能够高效、快速地想出提问,我还会利用"卡片"。

首先,准备若干卡片,分别写上5W1H的疑问词——"什么""为什么""哪里""谁""何时""如何"。

然后，在另一组卡片上分别写下提问时出现的"3V"关键词。如果是名词，就写"顾客满意""PDCA""预算"之类的词；如果是动词、形容词、副词，也要写出频繁出现的词。

接着，随机抽取一张疑问词卡片和两张单词卡片，组合起来。

例如，如果形成的是"什么""PDCA""达成"的组合，就可以创造出"PDCA能够达成什么""为了达成销售目标，有什么能使PDCA更好地发挥功效""为了达成掌握PDCA这一目标，应该从什么开始做起"等若干提问。

正如前文所述，每个人都有各自的创造提问的模式，身为高管教练的我也不例外。然而，如果一直停留在那种模式里，是无法创造出新的优质提问的。因此，我正在尝试通过使用卡片，寻找能让自己脱离固定模式的方法，从而拓宽自己所能创造出的提问的框架。

软银（Softbank）的创始人孙正义，也曾使用这种卡片创意的手法。

据《飞得更高：孙正义传》所述，当年在加利福尼亚大学伯克利分校上学的十九岁的孙正义，曾要求自己每天完成一个发明，而帮助他实现这一目标的，正是卡片组合法。把想到的名词随机写在卡片上，写够三百张，就像抽扑克牌一样随机抽取三张，将上面的三个名词组合起来，就有可能促成新商品的诞生。

提问也一样。总之应该先想出大量的提问，然后实际应用，观察效果。如果得到了好的回答，就要思考原因，精益求精。这一点很重要。

当然，只要能实现词语的随机组合，也可以采用卡片以外的方法。在我的公司里，有的教练就使用有助于激发创意的手机程序来创造提问（顺带一提，孙正义也把卡片式创意法改造成了电脑程序，发明了他第一款大获成功的商品——带语音功能的电子翻译机）。

通过这种方法能获得新鲜的提问，所以请大家务必怀着轻松的心情尝试一下。

结 论

也要向自己抛出优质提问

前文说明了"优质提问的技巧"作为原则上向他人提问的方法。然而正如"前言"等部分所述,提问也能抛给自己,甚至应该说,我们每天都在无意识中向自己抛出大量的提问。

因此,在本书最后,我们来简单接触一下向自己抛出优质提问的方法。

① 寻找自己的"3V"

同向他人提问时一样,向自己提问时的基本顺序,也是分析自己的"3V"——理想、价值、语汇,找出关键词,再与疑问词组合起来。

大概没有人惯于分析自己的用语,但可以向朋友或同事询问自己的口头禅,以及在他们眼中的印象,没必要觉得难为情。若有可能,还可以把自己在商谈等场合的对话录音。

另外,还可以分析自己写的邮件或各种社交网络上的文章,研究自己的用语倾向,看是否存在常用的单词。这种方法尤其值得推荐。

请大家在此基础上,立足于本书所讲述的要点,通过第4章练习过的"怎样提升自己的绩效"这一提问,从多个切入点来思考如何自问。

比方说,假如你最近觉得工作有些停滞,就可以反复问自己——

"想通过工作取悦谁?"(Who)
"何时向目标出发?"(When)
"为什么总是重视这件事?"(Why)
"从这项工作中能得到什么喜悦?"(What)
"假如要在国外工作,想去哪个国家?"(Where)
"如何试着改变工作方式?"(How)

结 论

如此一来，就很有可能促成新的发现。

此外，由于"面向自己的提问"容易在心里固化、内化，所以使用第4章的卡片法也很有效。请试着经常向自己抛出"来自新切入点的提问"。

②抽出时间自问

独自一人自问时，"有意识地抽出时间思考提问"是大前提。

日本的很多公司职员，为了每天的工作和生活而忙得焦头烂额，抽不出时间进行"现在这样的自己令人满意吗"之类的内省。倘若因日常琐事而无法向自己抛出优质提问，你的一生都很难改变。

即使很忙，只能利用乘地铁上下班的时间，或是睡前的五分钟，那也很好了。

"自己真正想做的事情是什么？"——只要养成这种自问的习惯，你的行动一定会有所改变。

还有，不要一直觉得自己做出的回答这也不

行，那也不行，要逐渐向自己抛出来自新角度、新切入点的提问。这一点很重要。

"真正想做的工作是什么"这一提问太难，可能无法立刻做出回答，但像"在工作中想去的地方是哪里""假如做一周的兼职，想选什么工作""希望通过工作认识谁"之类的提问，也许一下子就能得出答案。

提问以后，不要回答过了就算完事，请务必经常复习。

可以写在日记里，也可以记在只有自己能看的博客里，还可以发表在向朋友公开的社交网络上。此外，跟自己信赖的伙伴或朋友谈一谈，也是很不错的办法。

当你回顾这些文章时，或是与他人交谈的过程中，还会生出新的内省，使提问内容不断"深化"。

此外，如果找到了希望时刻铭记的面向自己的提问，可以写在纸上，贴在显眼的地方，还可以显示在电脑桌面上，或是制作成短小精干的短语，用作网络服务的密码。这样一来，就能通过反复接触该提问而实现"内化"了。

③定期自问

正如我们为了维持健康，最好定期接受体检一样，为了确认自己是否正在朝着目标前进，定期提问很有效。

跳槽后从事不同行业的工作、被调入新部门、进入陌生的人际关系圈……越是当自己置身的环境发生巨大变化，需要使自己"升级"的时候，越应该向自己提问。

在这种时候，请务必想起并实践"向自己抛出优质提问的方法"。正如第 1 章所述，你一定能切实感受到"只要提问改变，行动也会改变"。

适合抛给孩子的优质提问

读到这里的各位读者应该早已明白，优质提问并非只能在商业场合发挥作用，它适用于社会生活、家庭、子女教育等所有场合。

我也想在育儿过程中有意识地去进行的，就

是"将来能在孩子心里实现内化的提问"。

比如说,假设父母问不会做数学作业的孩子:"怎么连这么简单的问题也不会?"父母采用的是"怎么"这一提问形式,可孩子接收的信息却是"叱责"。

如果总是面对这样的提问,孩子可能会觉得"连这么简单的问题都不会的自己是个废物",从而导致自我肯定感低下。

父母应该抛出能刺激孩子求知欲的提问,比如,"要想解答这道题,你觉得应该先从哪里入手?""把这道算术题画成图怎么样?""你觉得毕达哥拉斯是如何发现这个定理的?"

我相信,在如此反复提问的过程中,这些提问会像"种子"一样深埋在孩子心里,逐渐内化,最终自然发芽。

想必没人愿意在未来将要度过数十年人生的孩子心里装下"我为什么做不到"这一提问吧。

相较而言,遇到困难时能问自己"怎样努力才能做到"的孩子,会拥有更加幸福的人生。

我认为,"人只要拥有对未来的希望,就能

结 论

战胜绝大多数困难"。足球、棒球运动的职业选手，之所以能长期坚持刻苦锻炼，正是因为他们怀有"更好的未来正在练习的前方等着我呢"这一希望。

也就是说，眼下正被烦恼或难题困扰的人，只要对自己的未来抱有期待，就能解决几乎所有的问题。不是吗？

为此，最好的做法就是向自己抛出能对光明的未来产生憧憬的提问。

"今后公司里会发生什么好事呢？"

"怎样才能跟那人建立良好的关系呢？"

即使现实有些艰辛，也要鼓起勇气，思考这样的提问。

然后不设任何限制，自由地做出回答。

在人类的集体中，只要养成这种习惯的人越来越多，这个世界肯定会变得更加光明，更加美好。

倘若各位读者的人生多少能因本书而变得更好，就是笔者莫大的喜悦。

好了，快开始思考吧。

"你真正想做的事情是什么？"

致　谢

如果没有最早把教练这一工作引入日本，并教给我有关高管教练一切的COACH A股份公司董事长伊藤守先生，就不会有这本书。

此外，还要感谢一直鼓励我写作本书的COACH A股份公司的各位同仁，尤其是本书的项目成员大谷惠女士、藤崎育子女士、中谷明代女士，以及从始至终为本书花费了大量时间的钻石社副总编横田大树先生。

最后，感谢长年以来一直跟随我接受高管教练课程的各位客户。遗憾的是，出于保密义务，我不能透露他们的名字。倘若不曾接触他们的宏大理想，我是没勇气写出这样的书来的。我由衷地向各位表示感谢。

粟津恭一郎

参考文献

《志高く 孙正義正伝 完全版》（实业之日本社）井上笃夫 [1]

《錯覚の科学》（文艺春秋）Christopher·Chabris、Daniel·Simons（著），木村博江（译），成毛真（解说）[2]

《「つながり」を突き止めろ》（光文社新书）安田雪

《脳が教える！１つの習慣》（讲谈社）Robert·Maurer(著)，本田直之(主编)，中西真雄美(译)[3]

《DIAMOND 哈佛商业评论》2016年6月刊 《単純な脳、複雑なデータ》池谷裕二

《DIAMOND 哈佛商业评论》2006年4月刊 《「意識の壁」が状況判断を曇らせる》Max·H·Bazerman、Dolly·Chugh

---

[1] 中译本请参考，井上笃夫，《飞得更高：孙正义传》，中国铁道出版社，2006年。
[2] 中译本请参考，克里斯托弗·查布里斯、丹尼尔·西蒙斯，《看不见的大猩猩》，北京联合出版公司，2016年。
[3] 中译本请参考，罗伯特·莫勒，《一小步改变你的生活》，哈尔滨出版社，2006年。

参考文献

《伟大的领导者如何激励行动》Simon Sinek

http://www.ted.com/talks/simon_sinek_how_great_leaders_inspire_action?Language=ja

延伸阅读

　　最后是我为本书读者列出的推荐书单。其中的每一本书，都是能够加深关于人类本身和人际关系整体认知的名著。即使只读一本，也能使"优质提问"在你的心里不断涌现。

　　《アイデアは交差点から生まれる　イノベーションを量産する「メディチ・エフェクト」の起こし方》（CCC Media House）Frans · Johansson（著），几岛幸子（译）[1]

　　《あなたへの社会構成主義》（中西屋出版）Kenneth · J · Gergen（著），东村知子（译）[2]

　　《インサイドボックス　究極の創造的思考法》（文艺春秋）Jacob · Goldenberg、Drew · Boyd（著），池村千秋（译）[3]

　　《影響力の武器　なぜ、人は動かされるのか》（诚

---

[1] 中译本请参考，弗朗斯 · 约翰松，《美第奇效应：创新灵感与交叉思维》，商务印书馆，2006年。
[2] 原书名：An Invitation to Social Construction，无中译本。
[3] 原书名：Inside the Box，无中译本。

信书房）Robert·B·Cialdini（著），社会行动研究会（译）[1]

《最強組織の法則　新時代のチームワークとは何か》（徳间书店）Peter·M·Senge（著），守部信之（译）[2]

《進化しすぎた脳　中高生と語る「大脳生理学」の最前線》（朝日出版社）池谷裕二（著）[3]

《習慣の力　The Power of Habit》（讲谈社）Charles·Duhigg（著），渡会圭子（译）[4]

《新版　すべては「前向き質問」でうまくいく》（Discover 21）Marilee·G·Adams（著），铃木义幸（主编），中西真雄美（译）[5]

《ストールポイント　企業はこうして失速する》（CCC Media House）Matthew·S·Olson、Derek·Van·Bever（著），齐藤裕一（译）[6]

《知識創造企業》（东洋经济新报社）野中郁次郎、

---

[1]中译本请参考，罗伯特·B.西奥迪尼，《影响力》，闾佳译，北京联合出版公司，2016年。
[2]中译本请参考，彼得·圣吉，《第五项修炼》，张成林译，中信出版社，2009年。
[3]中文译名：过度进化的大脑　和初、高中生谈论最前沿的"大脑生物学"，无中译本。
[4]中译本请参考，查尔斯·杜希格，《习惯的力量》，吴奕俊、曹烨译，中信出版社，2013年。
[5]中译本请参考，梅若李·亚当斯，《改变提问，改变人生》，秦瑛译，机械工业出版社，2014年。
[6]原书名：Stall Points，无中译本。

竹内弘高（著），梅本胜博（译）[1]

《つながり　社会的ネットワークの驚くべき力》(讲谈社) Nicholas·A·Christakis、James·H·Fowler（著），鬼泽忍（译）[2]

《ティッピング・ポイント　いかにして「小さな変化」が「大きな変化」を生み出すか》（飞鸟新社）Malcolm•Gladwell（著），高桥启（译）[3]

《人と人の「つながり」に投資する企業　ソーシャル・キャピタルが信頼を育む》（钻石社）Don·Cohen、LaurencevPrusak（著），沢崎冬日（译）[4]

《ひとりでも部下のいる人のための世界一シンプルなマネジメント術　3分間コーチ》（Discover 21）伊藤守（著）[5]

《WHYから始めよ！インスパイア型リーダーはここが違う》（日本经济新闻出版社）Simon·Sinek（著），

---

[1] 中译本请参考，野中郁次郎、竹内弘高，《创造知识的企业：日美企业持续创新的动力》，李萌、高飞译，知识产权出版社，2006年。
[2] 中译本请参考，尼古拉斯·克里斯塔基斯、詹姆斯·富勒，《大连接：社会网络是如何形成的以及对人类现实行为的影响》，简学译，中国人民大学出版社，2013年。
[3] 中译本请参考，马尔科姆·格拉德威尔，《引爆点：如何引发流行》，钱清、覃爱冬译，中信出版社，2014年。
[4] 原书名：In Good Company: How Social Capital Mak-es Organizations Work，无中译本。
[5] 中文译名：世界上给管理者的最简单管理术　3分钟教程，无中译本。

延伸阅读

栗木皋（译）[1]

《理解するってどういうこと？ 「わかる」ための方法と「わかる」ことで得られる宝物》（新曜社）Ellin·Oliver·Keene（著），山元隆春、吉田新一郎（译）[2]

《リーダーシップ·チャレンジ》（海月社）James·M·Kouzes、Barry·Z·Posner（著），金井寿宏（主编），伊东奈美子（译）[3]

---

[1] 中译本请参考，西蒙·斯涅克，《从"为什么"开始：乔布斯让Apple红遍世界的黄金圈法则》，苏西译，海天出版社，2011年。
[2] 原书名：To Understand: New Horizons in Reading Comprehension，无中译本。
[3] 中译本请参考，詹姆斯·M.库泽斯、巴里·Z.波斯纳，《领导力：如何在组织中成就卓越》，徐中、周政、王俊杰译，2013年。

图书在版编目（CIP）数据

学会提问.实践篇/（日）粟津恭一郎著；程亮译
. -- 北京：北京联合出版公司，2021.10
ISBN 978-7-5596-5115-0

Ⅰ.①学… Ⅱ.①粟… ②程… Ⅲ.①商业管理—人际关系学 Ⅳ.①F715

中国版本图书馆CIP数据核字（2021）第034689号

北京市版权局著作权合同登记 图字：01-2017-3428

"YOI SHITSUMON" WO SURU GIJUTSU
by Kyoichiro Awazu
Copyright © 2016 COACH A Co., Ltd
Simplified Chinese translation copyright © 2021 by Beijing United Publishing Co., Ltd.
All rights reserved.
Original Japanese language edition published by Diamond, Inc.
Simplified Chinese translation rights arranged with Diamond, Inc.
through Tuttle-Mori Agency, Inc.

本作品中文简体字版权由北京联合出版有限责任公司所有

学会提问：实践篇

作　者：[日]粟津恭一郎	译　者：程　亮
出 品 人：赵红仕	出版监制：刘　凯　赵鑫玮
选题策划：联合低音	责任编辑：云　逸
封面设计：王柿原	内文排版：聯合書莊

关注联合低音

北京联合出版公司出版
（北京市西城区德外大街83号楼9层　100088）
北京联合天畅文化传播公司发行
北京美图印务有限公司印刷　新华书店经销
字数70千字　787毫米×1092毫米　1/32　5.5印张
2021年10月第1版　2021年10月第1次印刷
ISBN 978-7-5596-5115-0
定价：39.80元

版权所有，侵权必究
未经许可，不得以任何方式复制或抄袭本书部分或全部内容
本书若有质量问题，请与本公司图书销售中心联系调换。电话：（010）64258472-800

学会提问

思维导图

王伟旦 制作

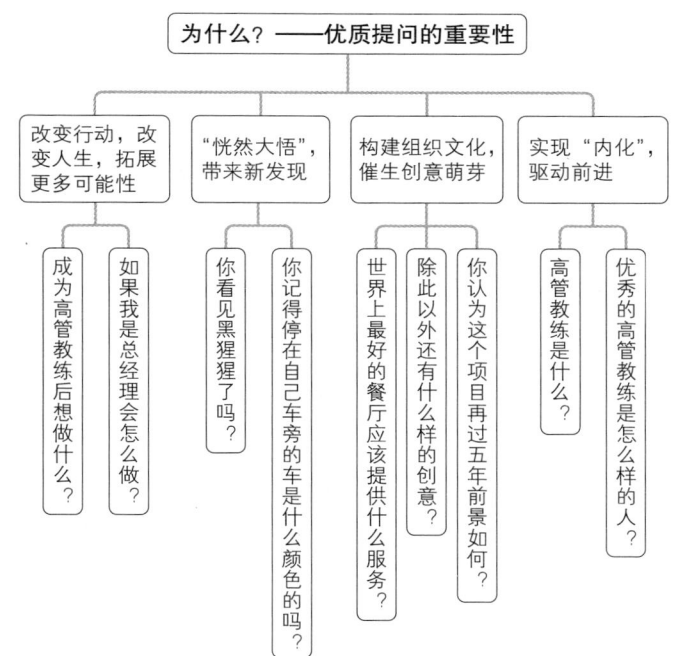

资料来源：本书第1章

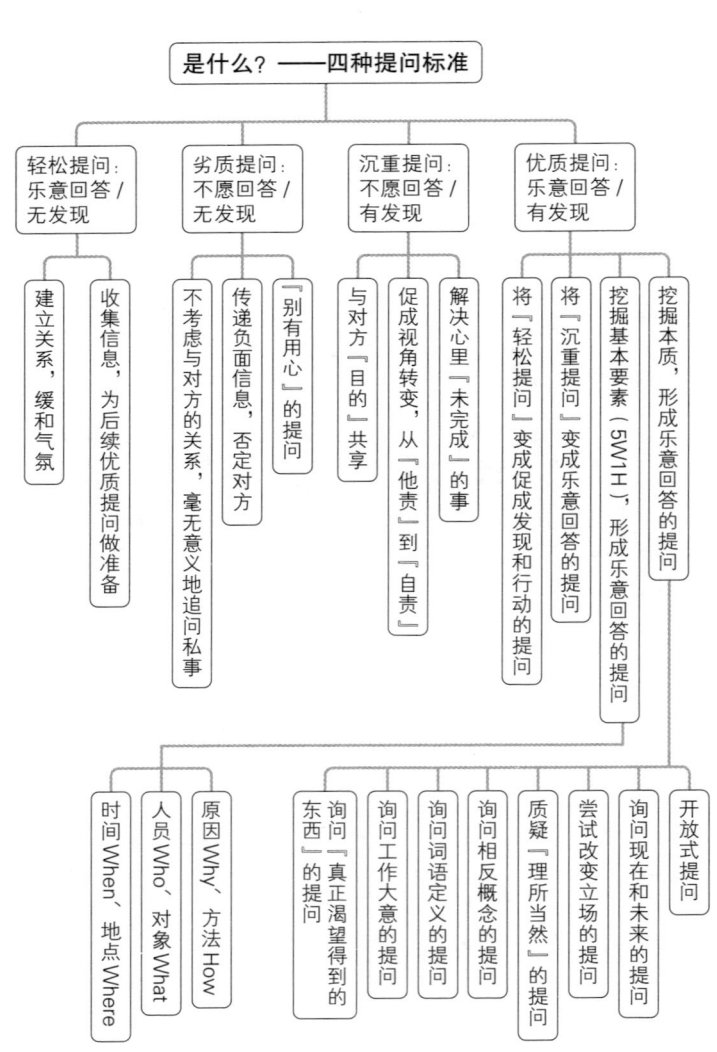

资料来源：本书第2章

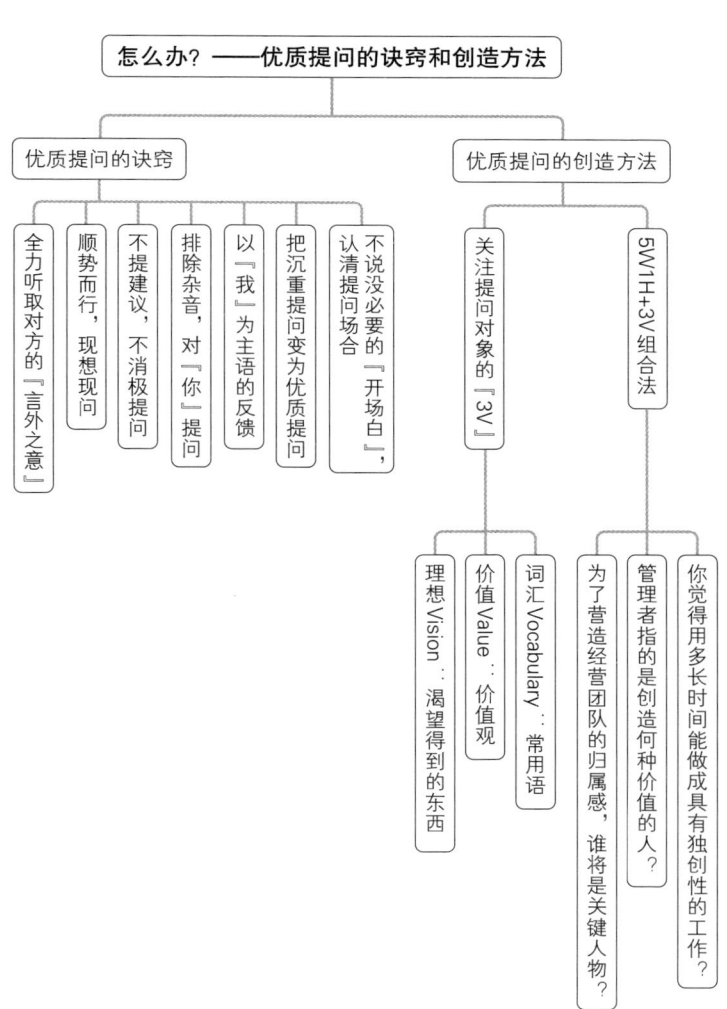

资料来源：本书第3章、第4章

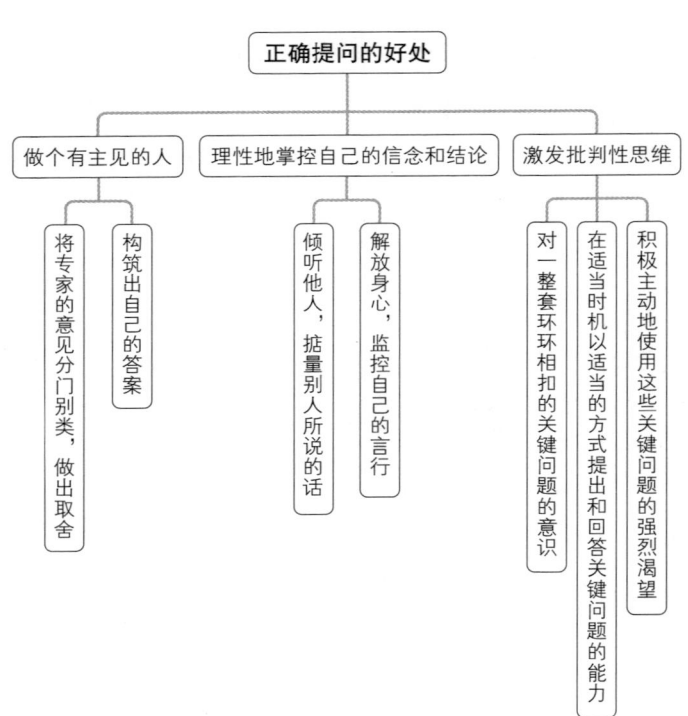

资料来源:《学会提问》(原书第11版)第01章,机械工业出版社,2019

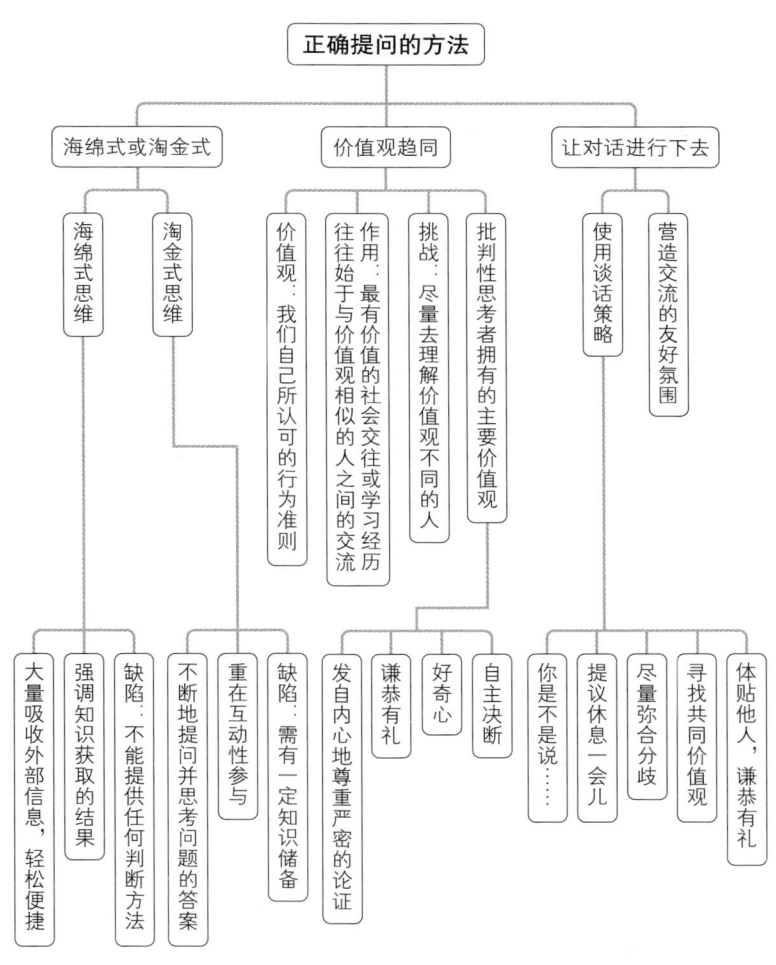

资料来源：《学会提问》（原书第11版）第01章

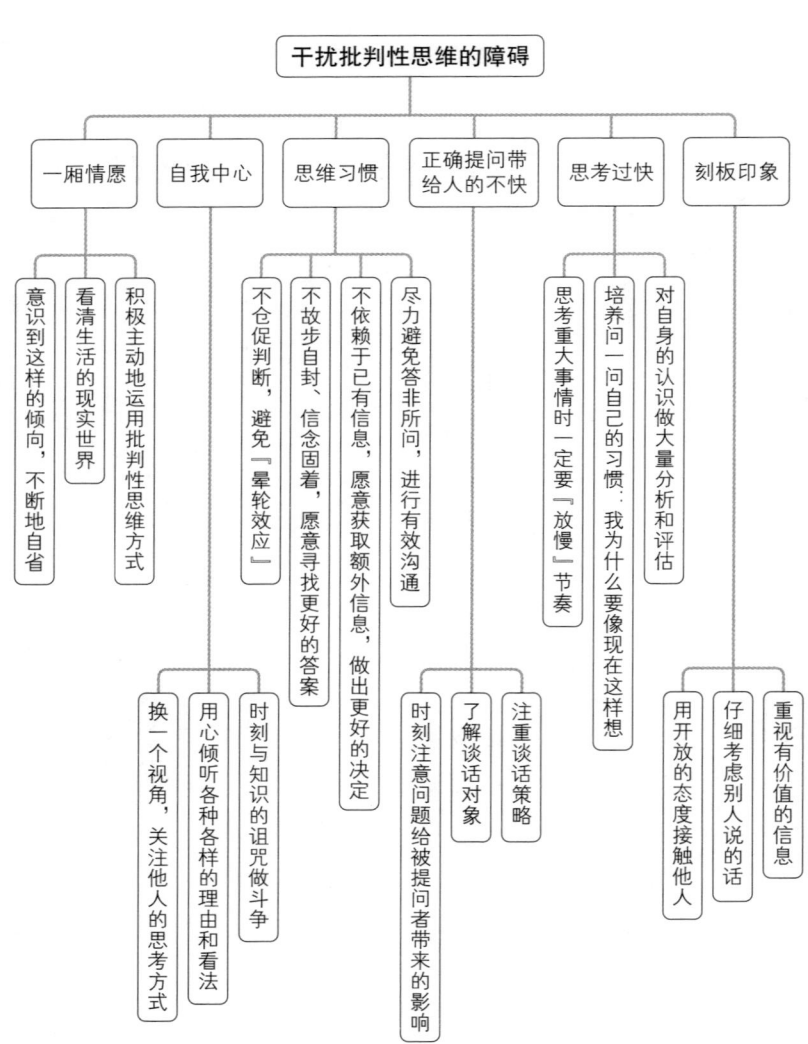

资料来源:《学会提问》(原书第11版)第02章

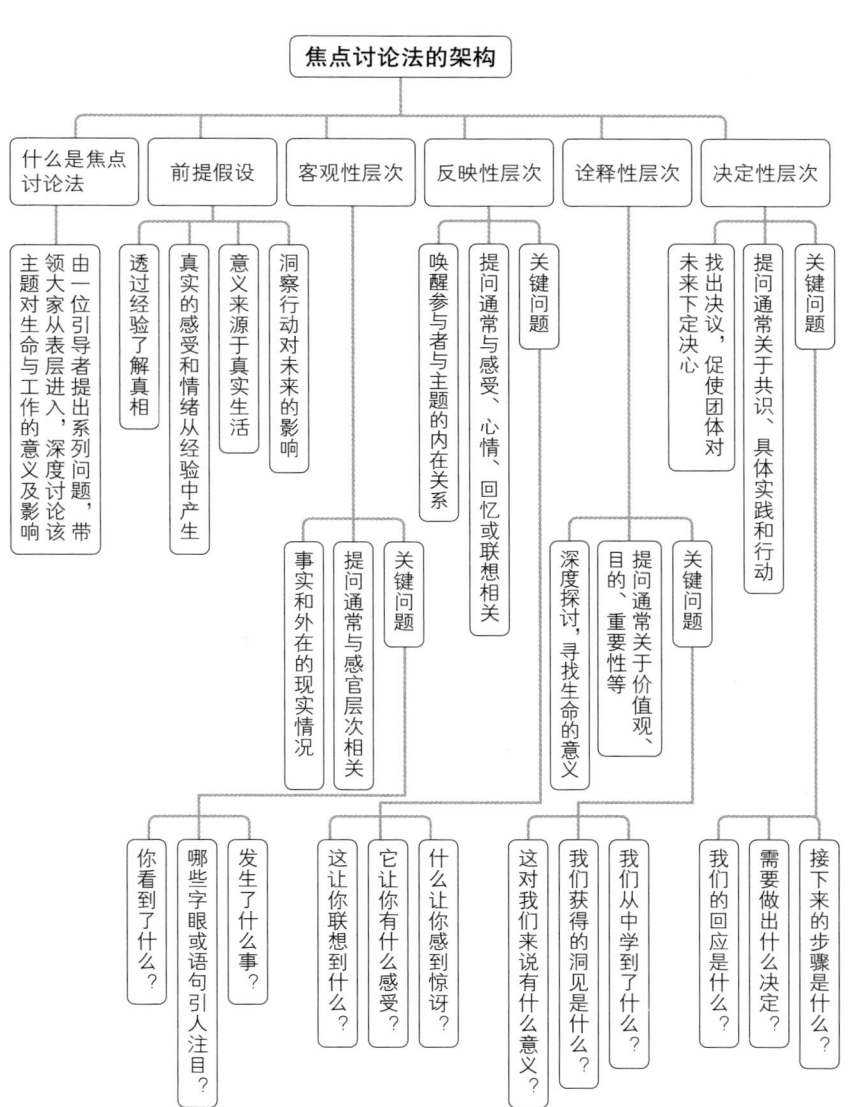

资料来源:《学问: 100种提问力创造200倍企业力》第1部分,电子工业出版社,2016

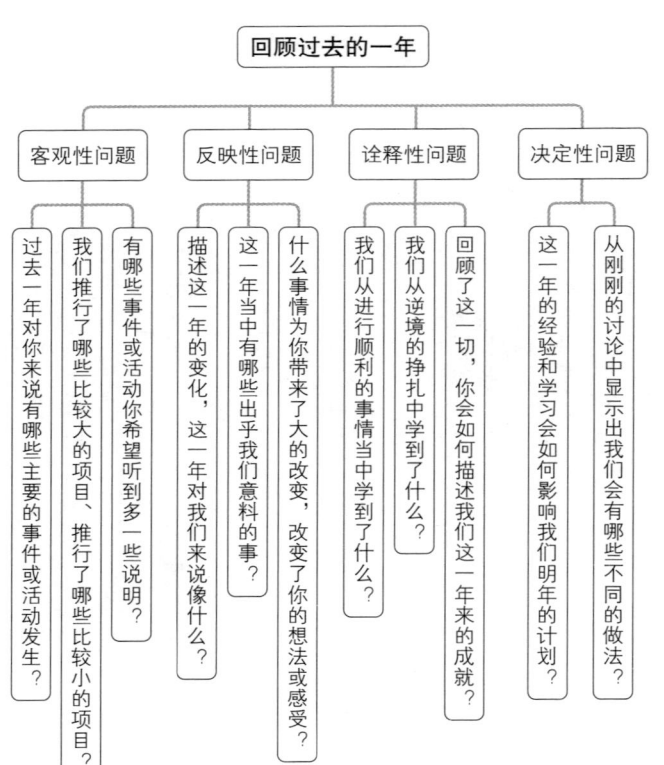

资料来源：《学问：100种提问力创造200倍企业力》第2部分

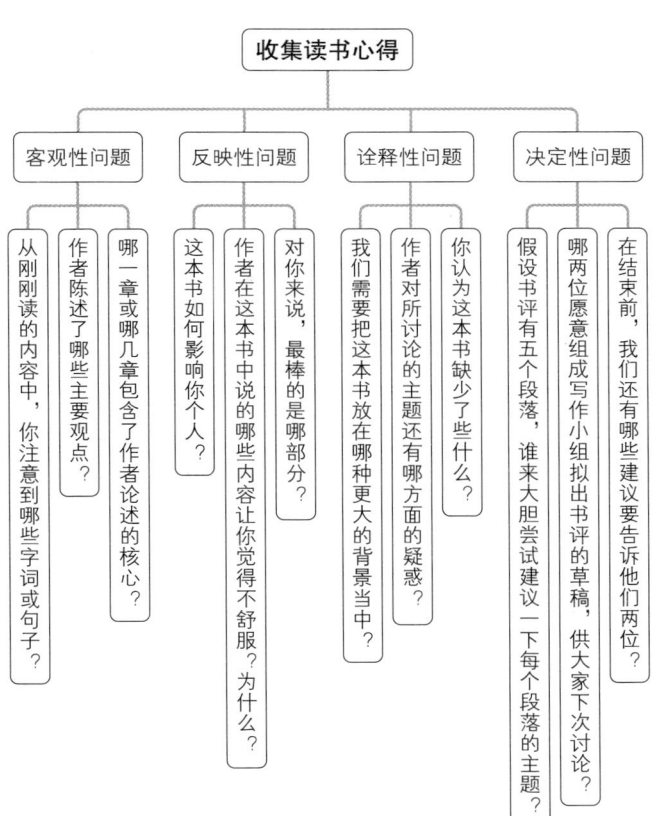

资料来源:《学问: 100种提问力创造200倍企业力》第2部分

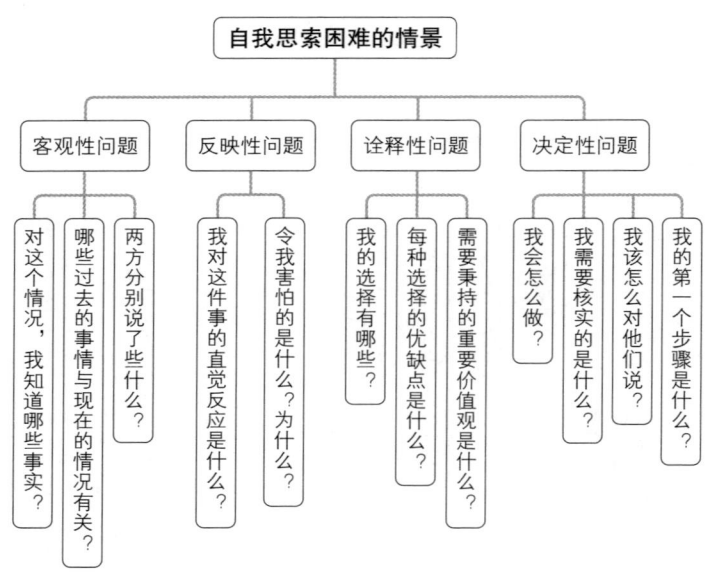

资料来源:《学问:100种提问力创造200倍企业力》第2部分

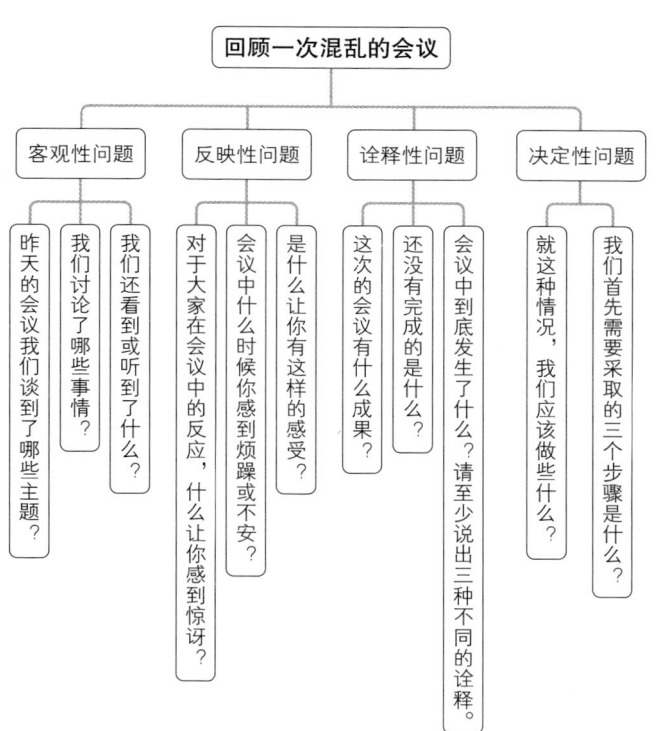

资料来源:《学问:100种提问力创造200倍企业力》第2部分

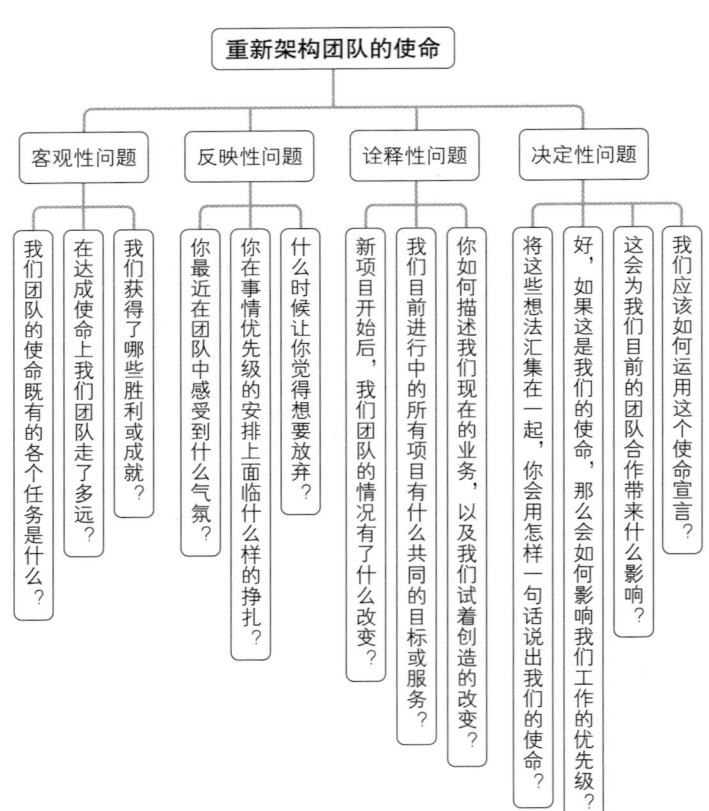

资料来源:《学问: 100种提问力创造200倍企业力》第2部分

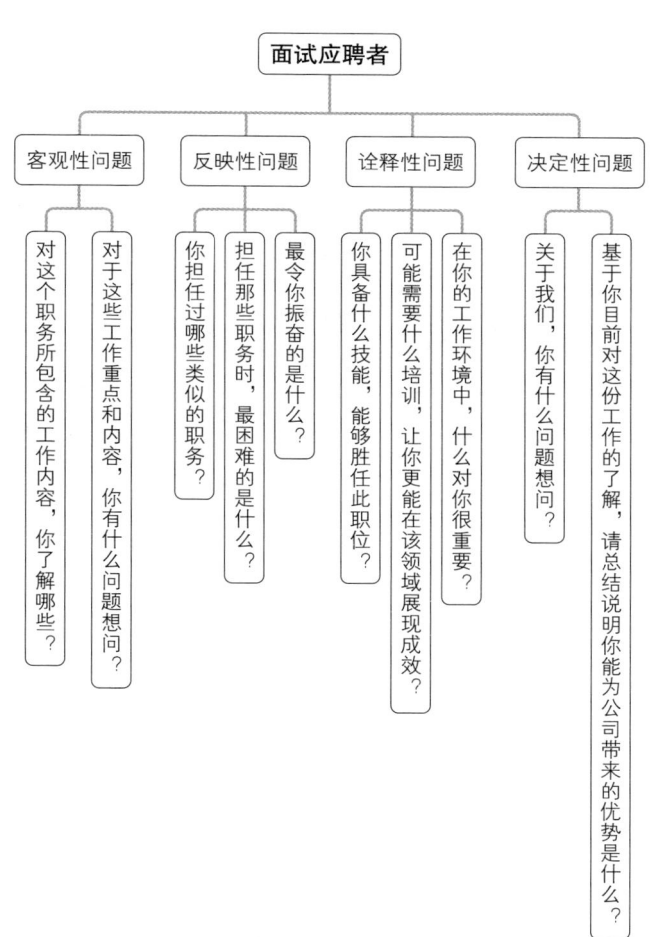

资料来源：《学问：100种提问力创造200倍企业力》第2部分

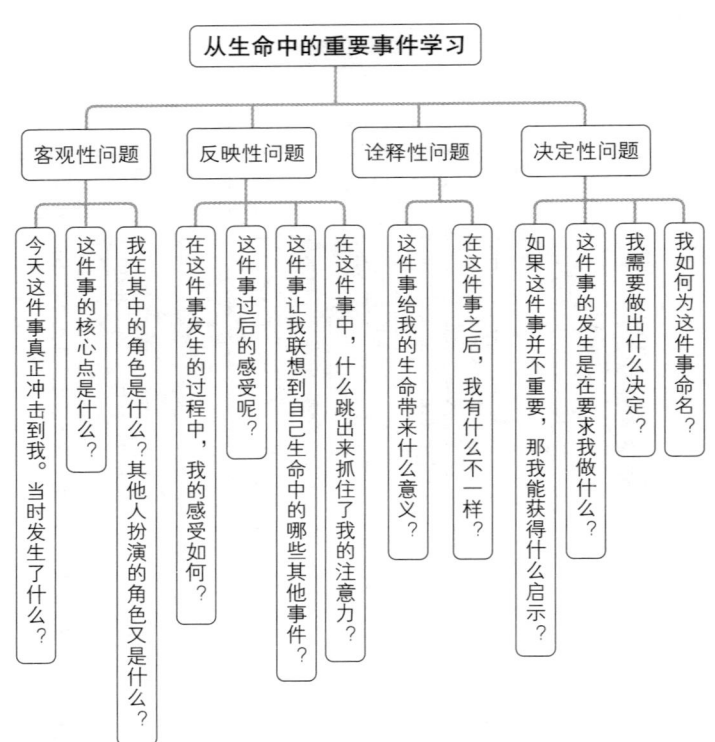

资料来源:《学问:100种提问力创造200倍企业力》第2部分

```
                         四个问题突破销售瓶颈
     ┌──────────────┬──────────────────┬──────────────────┐
买家是否有问题       买家是否有问题       买家是否对目          买家信任你并相信
要问,或是否有        要解决?            前的承诺或改          你就是他们想要的
提问的机会?                            进明显不满?           最佳人选吗?
```

- 你现在的成本开支主要来源于哪里?
- 你认为这次机会有价值吗?
- 这是你最优先的考虑之一吗?

- 你负责解决这个问题吗?
- 谁对解决这个问题所需的费用有决策权?
- 在这件事的解决上,谁需要介入?

- 你为什么觉得现在是时候需要新的资源来取而代之了?
- 你的努力是否有效解决了这一问题吗?
- 这就是你受够了的主要原因吗?

- 你正在寻找其他什么样的解决方案?
- 你是如何评价我们在这一领域的能力的?
- 你对我们或我们的方案有什么顾虑吗?

资料来源:《提问的艺术:为什么你该这样问》第一篇,中国人民大学出版社,2013

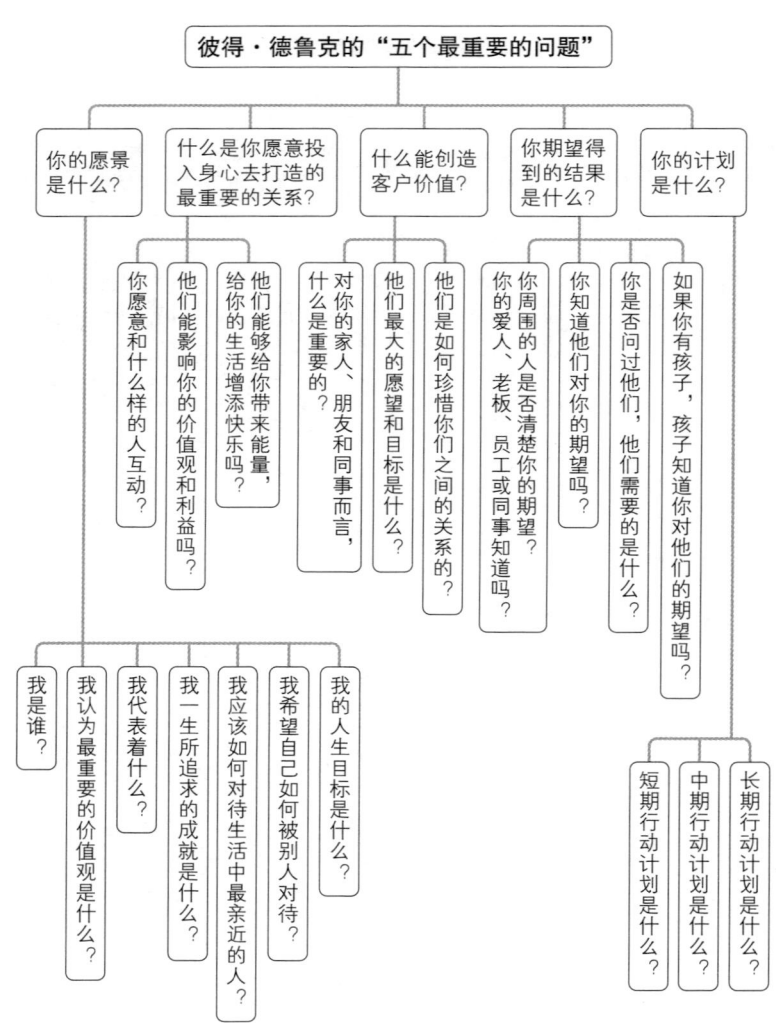

资料来源:《提问的艺术:为什么你该这样问》第一篇

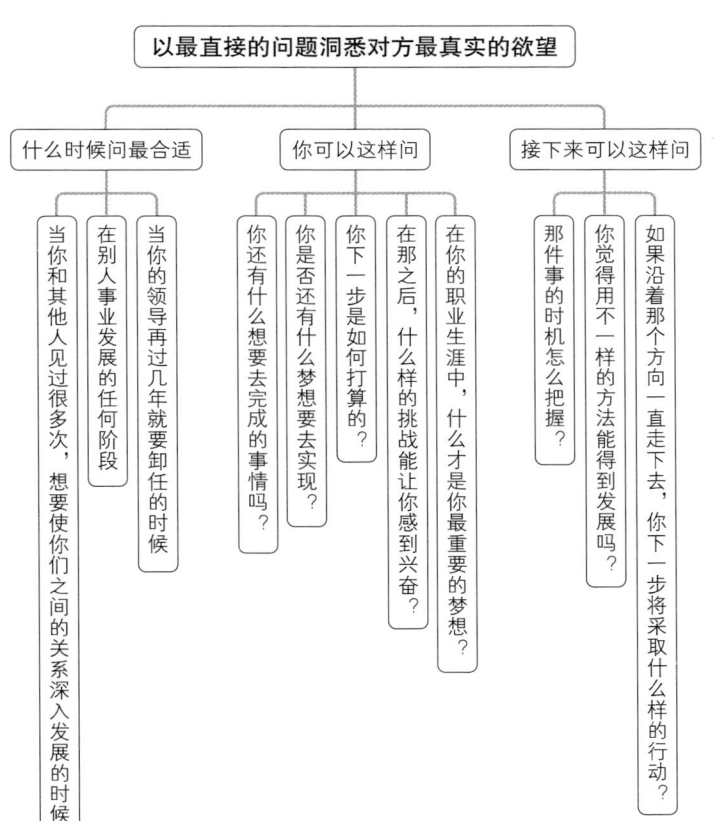

资料来源:《提问的艺术:为什么你该这样问》第二篇

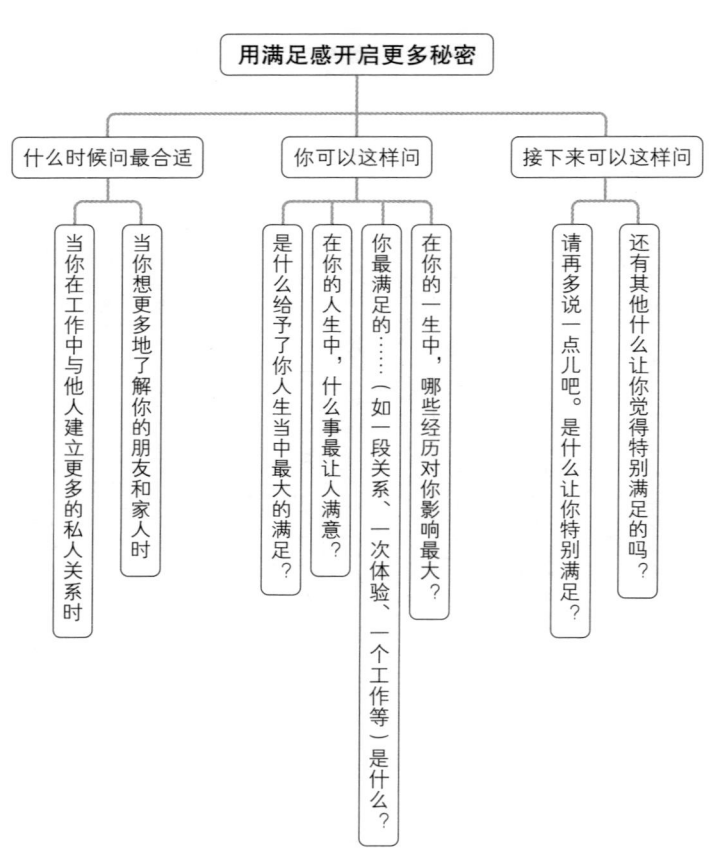

资料来源:《提问的艺术：为什么你该这样问》第二篇

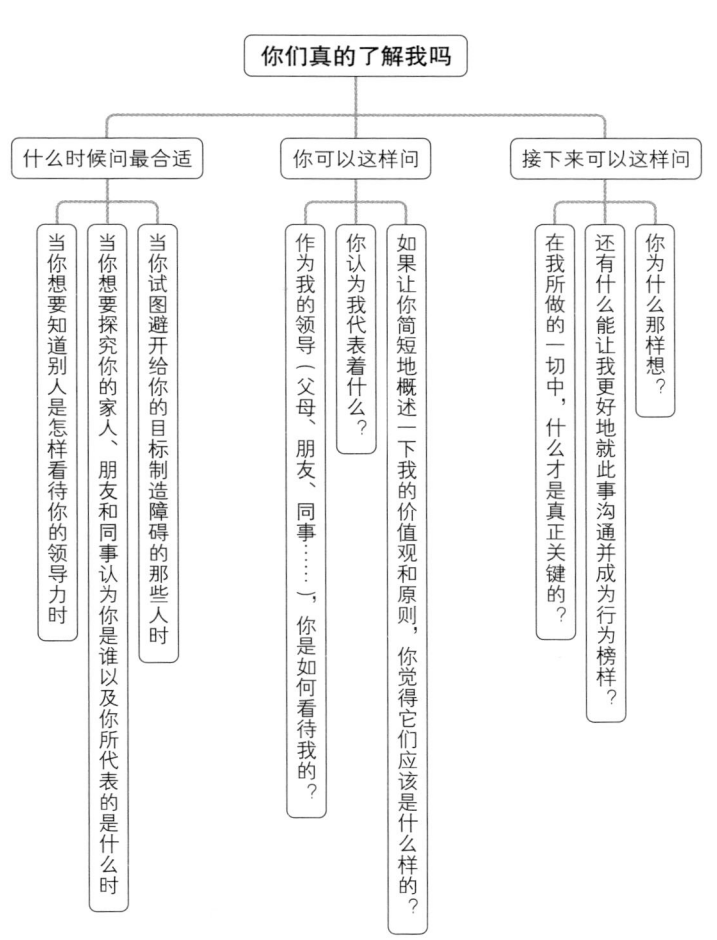

资料来源:《提问的艺术:为什么你该这样问》第二篇

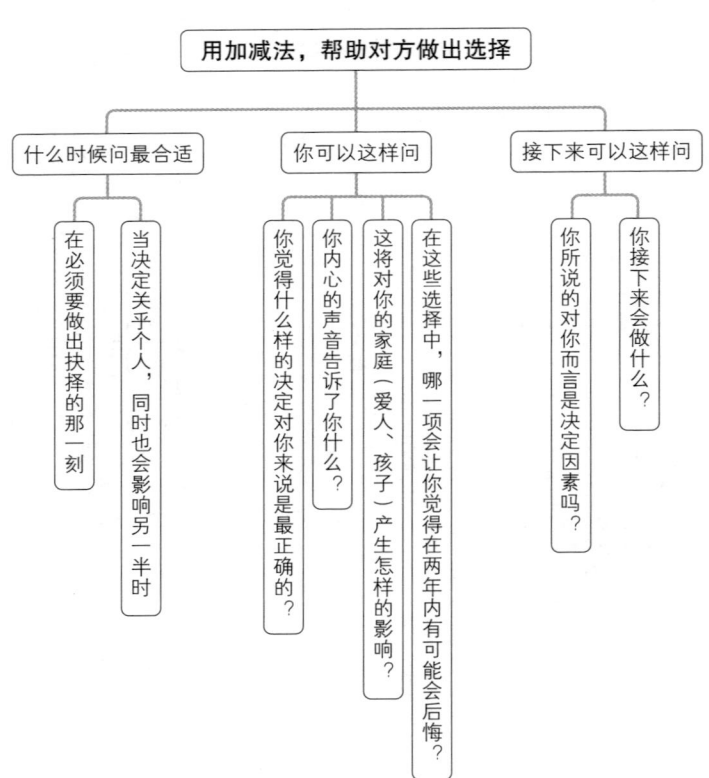

资料来源:《提问的艺术:为什么你该这样问》第三篇

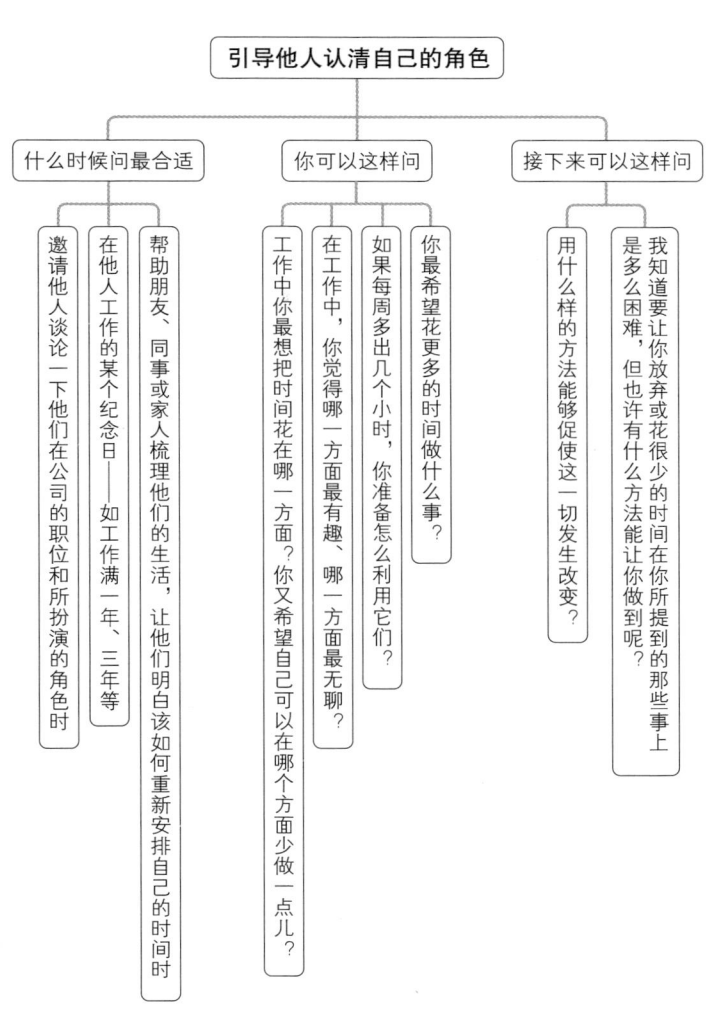

资料来源:《提问的艺术:为什么你该这样问》第三篇

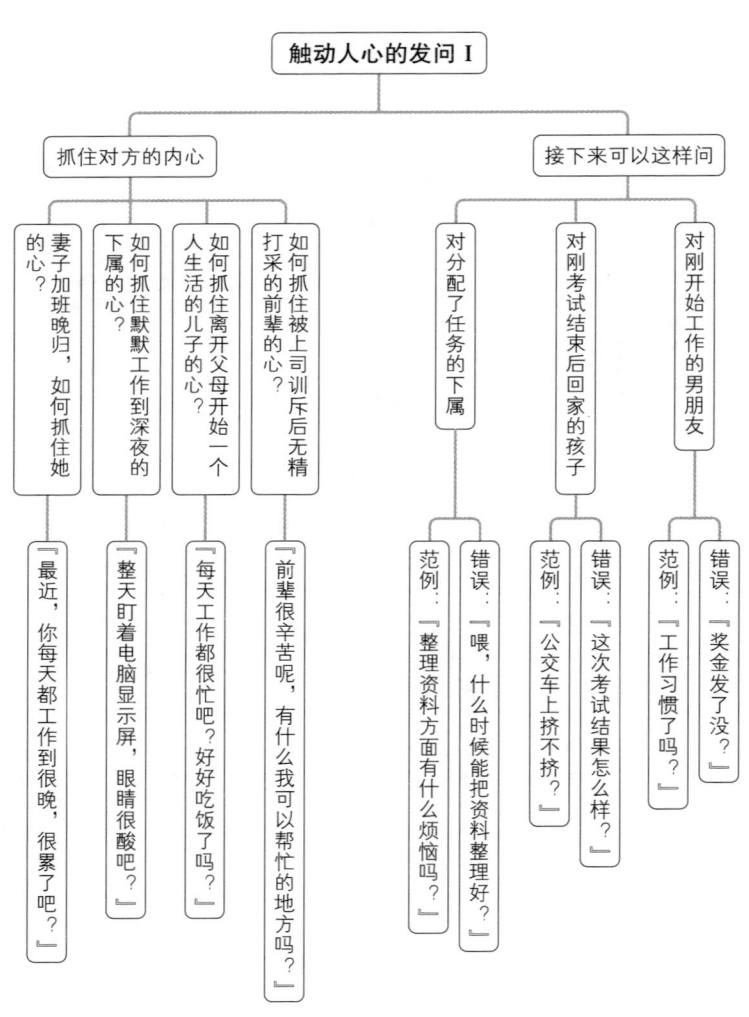

资料来源:《优秀的人都是提问高手》第 01 章,中国友谊出版公司,2019

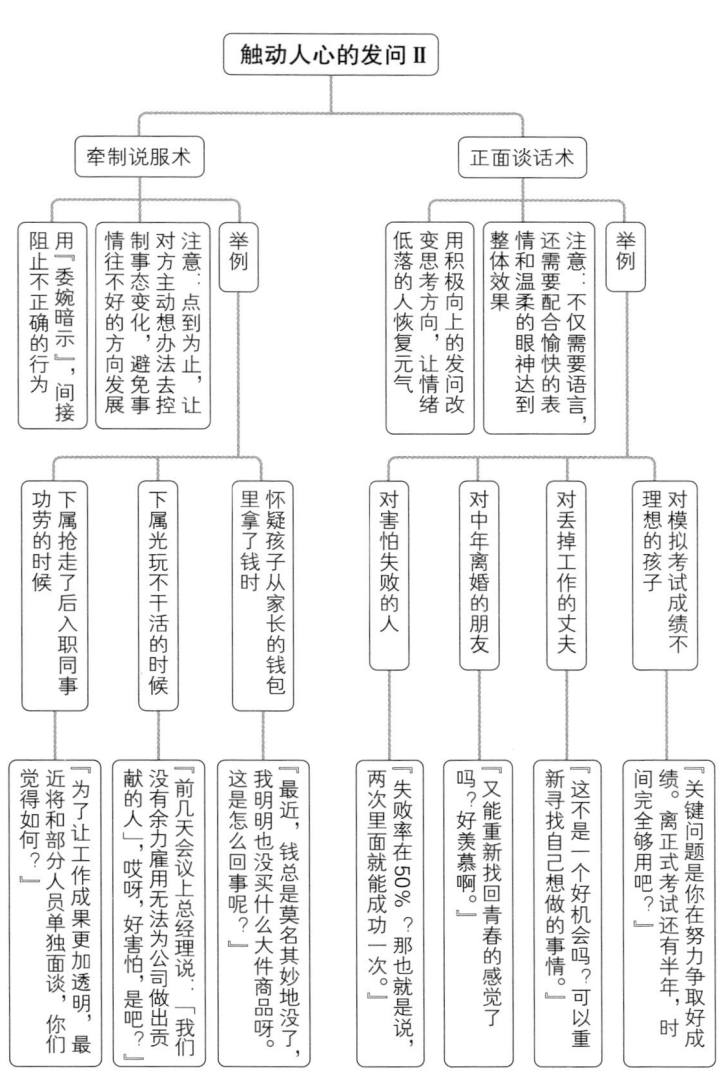

资料来源：《优秀的人都是提问高手》第 01 章

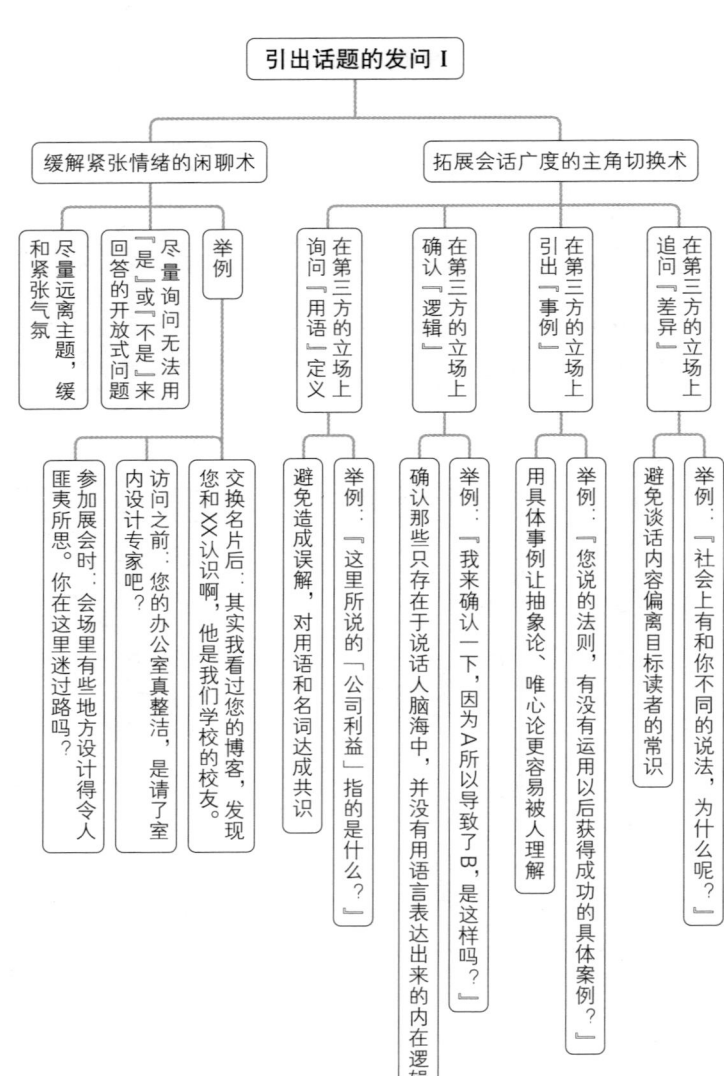

资料来源:《优秀的人都是提问高手》第02章

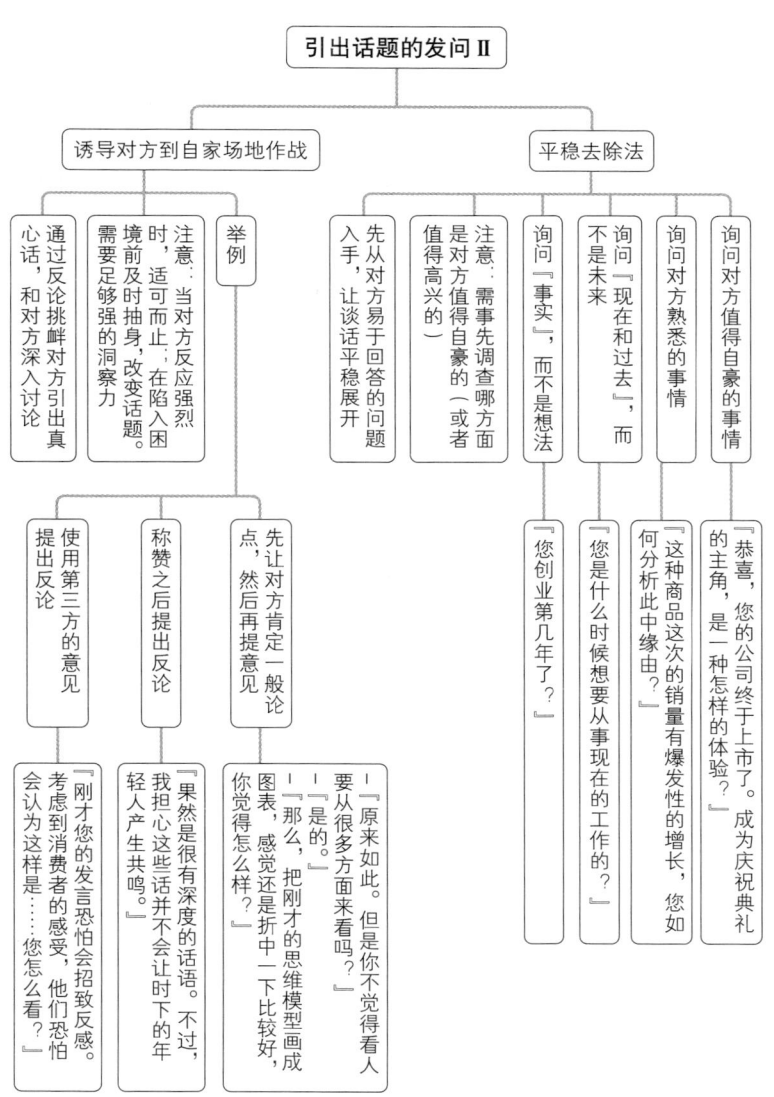

资料来源:《优秀的人都是提问高手》第02章

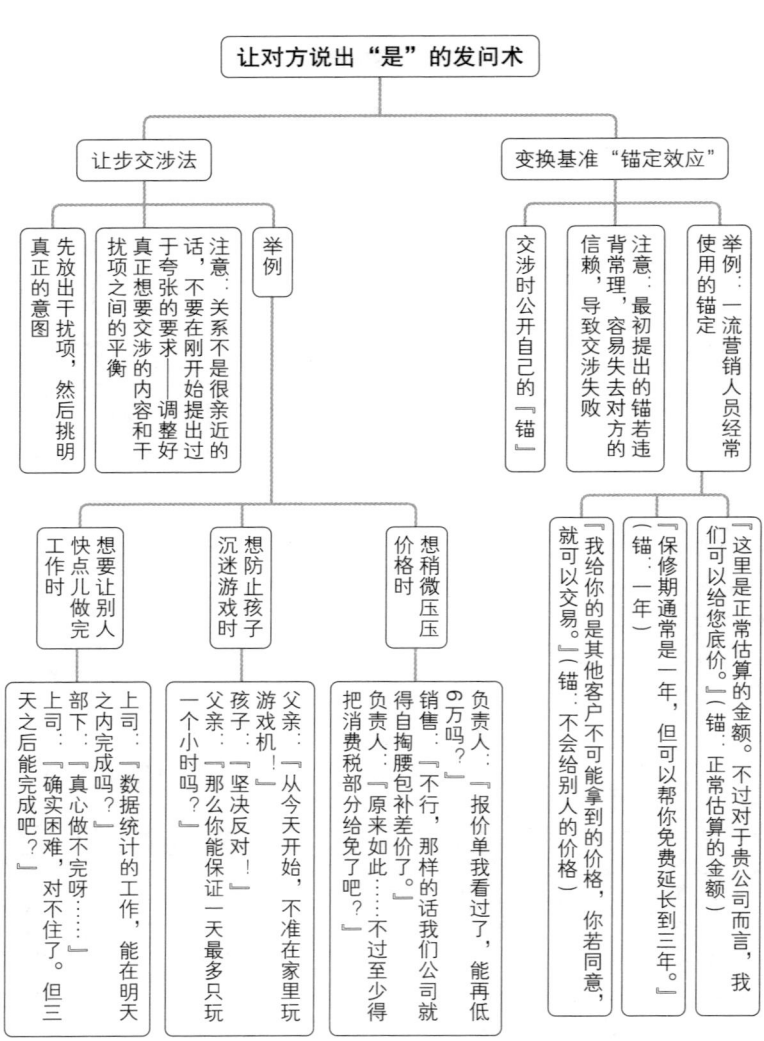

资料来源：《优秀的人都是提问高手》第03章

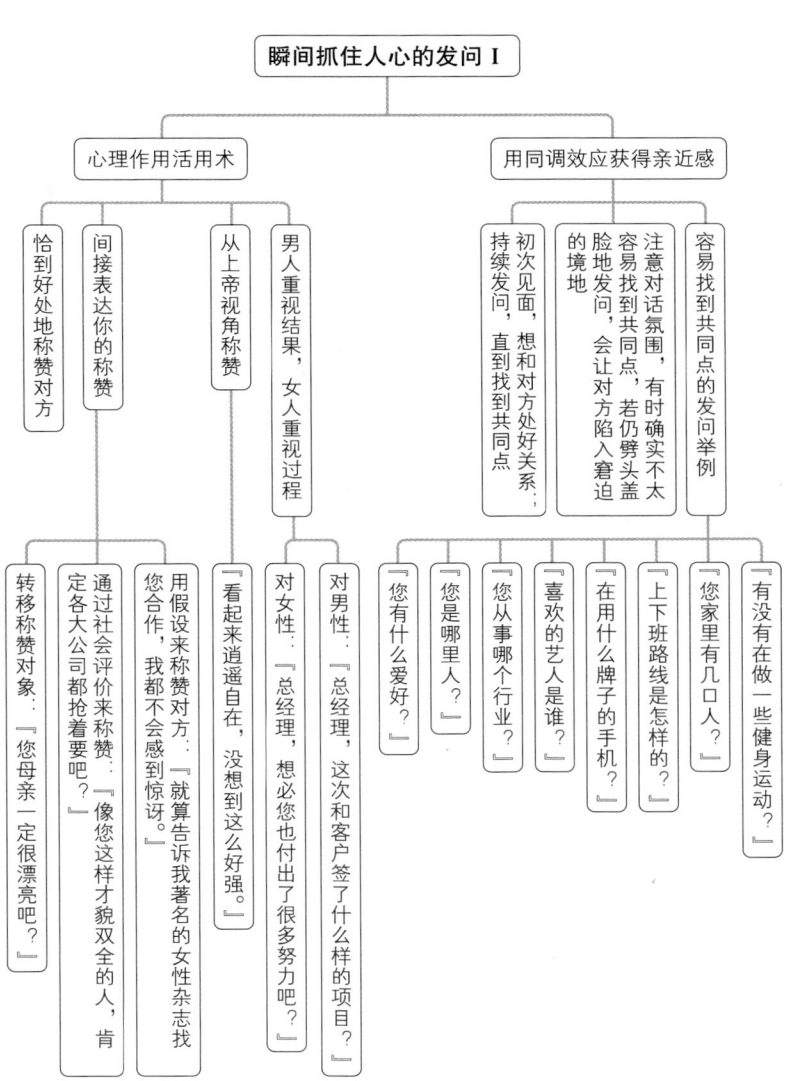

资料来源:《优秀的人都是提问高手》第04章

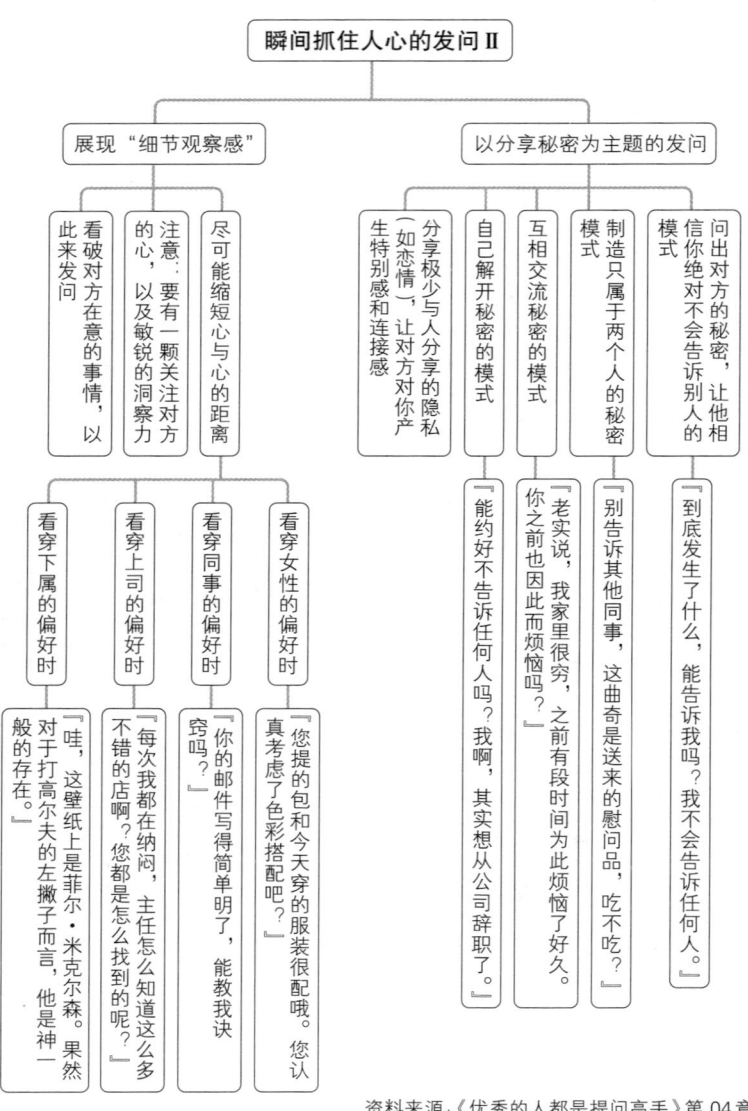

资料来源:《优秀的人都是提问高手》第 04 章

有智、有识、有恒
做有声音的文字